チャート式®
シリーズ

中学

準拠ドリル

数研出版
https://www.chart.co.jp

JN026673

# 本書の特長と構成

本書は「チャート式シリーズ 中学地理」の準拠問題集です。
本書のみでも学習可能ですが，参考書とあわせて使用することで，さらに力がのばせます。

## 特長

**1.** チェック→トライ→チャレンジの３ステップで，段階的に学習できます。

**2.** 巻末のテストで，学習の総まとめと入試対策の基礎固めができます。

**3.** 参考書の対応ページを掲載。わからないときやもっと詳しく知りたいときにすぐに参照できます。

## 構成

１項目あたり見開き２ページです。

**チェック**
基本問題です。ここで単元の要点を確認しましょう。

**ポイント**
色のついた部分は特に大事なので，おさえておきましょう。

チャート式シリーズ参考書の項目番号です。

**トライ**
練習問題です。いろいろな形式の問題に慣れましょう。

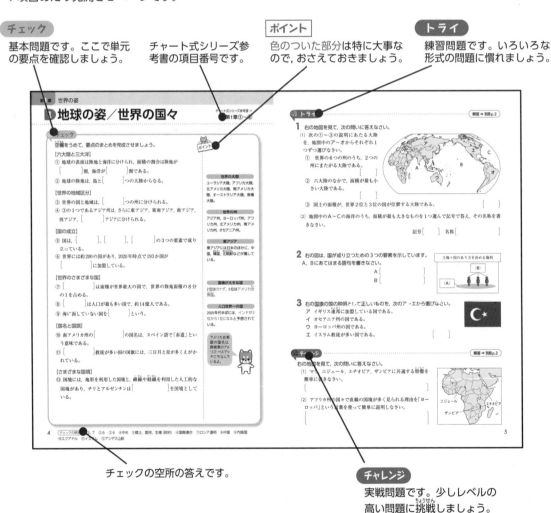

チェックの空所の答えです。

**チャレンジ**
実戦問題です。少しレベルの高い問題に挑戦しましょう。

**確認問題** 数項目ごとに学習内容が定着しているか確認する問題です。

**入試対策テスト** 学習の総まとめと入試対策の基礎固めを行うテストです。

# もくじ

第1章 世界の姿
1 地球の姿／世界の国々 ……………… 4
2 地球儀と地球上の位置／さまざまな世界地図 … 6

第2章 日本の姿
3 日本の姿 ……………… 8

確認問題① ……………… 10

第3章 世界各地の人々の生活と環境
4 世界の気候 ……………… 12
5 それぞれの気候帯のくらし／言語・宗教と人々のくらし … 14

第4章 世界の諸地域
6 アジア州の自然と社会① ……………… 16
7 アジア州の自然と社会② ……………… 18
8 ヨーロッパ州の自然と社会① ……………… 20
9 ヨーロッパ州の自然と社会② ……………… 22

確認問題② ……………… 24

10 アフリカ州の自然と社会 ……………… 26
11 北アメリカ州の自然と社会 ……………… 28
12 南アメリカ州の自然と社会 ……………… 30
13 オセアニア州の自然と社会 ……………… 32

確認問題③ ……………… 34

第5章 地域調査の手法
14 地域調査の手法 ……………… 36

第6章 日本の地域的特色と地域区分
15 日本の地形 ……………… 38
16 日本の気候と自然災害 ……………… 40
17 日本の人口 ……………… 42
18 世界と日本の資源・エネルギー ……………… 44
19 日本の農林水産業 ……………… 46
20 日本の工業，商業・サービス業 ……………… 48
21 日本の交通・通信 ……………… 50

確認問題④ ……………… 52

第7章 日本の諸地域
22 九州地方 ……………… 54
23 中国・四国地方 ……………… 56
24 近畿地方 ……………… 58
25 中部地方 ……………… 60
26 関東地方 ……………… 62
27 東北地方 ……………… 64
28 北海道地方 ……………… 66

確認問題⑤ ……………… 68

入試対策テスト ……………… 70

一緒に
がんばろう！

数研出版公式キャラクター
数犬 チャ太郎

# ❶ 地球の姿／世界の国々

チャート式シリーズ参考書 >>
第1章①〜②

## チェック

空欄をうめて，要点のまとめを完成させましょう。

**【六大陸と三大洋】**

① 地球の表面は陸地と海洋に分けられ，面積の割合は陸地が〔　　　〕割，海洋が〔　　　〕割である。

② 地球の陸地は，島と〔　　　〕つの大陸からなる。

**【世界の地域区分】**

③ 世界の国と地域は，〔　　　〕つの州に分けられる。

④ ③の1つであるアジア州は，さらに東アジア，東南アジア，南アジア，西アジア，〔　　　〕アジアに分けられる。

**【国の成立】**

⑤ 国は，〔　　　〕，〔　　　〕，〔　　　〕の3つの要素で成り立っている。

⑥ 世界には約200の国があり，2020年時点で193か国が〔　　　〕に加盟している。

**【世界のさまざまな国】**

⑦ 〔　　　〕は面積が世界最大の国で，世界の陸地面積の8分の1を占める。

⑧ 〔　　　〕は人口が最も多い国で，約14億人である。

⑨ 海に面していない国を〔　　　〕という。

**【国名と国旗】**

⑩ 南アメリカ州の〔　　　〕の国名は，スペイン語で「赤道」という意味である。

⑪ 〔　　　〕教徒が多い国の国旗には，三日月と星が多くえがかれている。

**【さまざまな国境】**

⑫ 国境には，地形を利用した国境と，緯線や経線を利用した人工的な国境があり，チリとアルゼンチンは〔　　　〕を国境としている。

### 世界の大陸
ユーラシア大陸，アフリカ大陸，北アメリカ大陸，南アメリカ大陸，オーストラリア大陸，南極大陸。

### 世界の州
アジア州，ヨーロッパ州，アフリカ州，北アメリカ州，南アメリカ州，オセアニア州。

### 東アジア
東アジアには日本のほかに，中国，韓国，北朝鮮などが属している。

### 面積が大きな国
2位はカナダ，3位はアメリカ合衆国。

### 人口世界一の国
2020年代半ばには，インドが2位から1位になると予想されている。

アメリカ合衆国の国名は，探検家のアメリゴ・ベスプッチにちなんでいるよ。

**チェックの解答** ①3，7 ②6 ③6 ④中央 ⑤領土，国民，主権（政府） ⑥国際連合 ⑦ロシア連邦 ⑧中国 ⑨内陸国 ⑩エクアドル ⑪イスラム ⑫アンデス山脈

解答 ➡ 別冊p.2

**トライ**

**1** 右の地図を見て，次の問いに答えなさい。

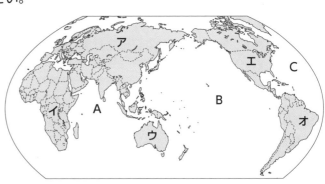

(1) 次の①～③の説明にあたる大陸を，地図中のア～オからそれぞれ1つずつ選びなさい。

　① 世界の6つの州のうち，2つの州にまたがる大陸である。

　　　　　　　　　　　　　［　　　］

　② 六大陸のなかで，面積が最も小さい大陸である。

　　　　　　　　　　　　　［　　　］

　③ 国土の面積が，世界2位と3位の国が位置する大陸である。　　　　　　［　　　］

(2) 地図中のA～Cの海洋のうち，面積が最も大きなものを1つ選んで記号で答え，その名称を書きなさい。

　　　　　　　　　　記号［　　　］　名称［　　　　　　　　］

**2** 右の図は，国が成り立つための3つの要素を示しています。A，Bにあてはまる語句を書きなさい。

　　　　　　A［　　　　　　　　］
　　　　　　B［　　　　　　　　］

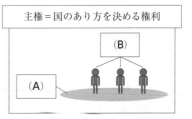

**3** 右の国旗の国の説明として正しいものを，次のア～エから選びなさい。

ア イギリス連邦に加盟している国である。
イ オセアニア州の国である。
ウ ヨーロッパ州の国である。
エ イスラム教徒が多い国である。

　　　　　　　　　　　　　　　［　　　］

**チャレンジ**

解答 ➡ 別冊p.2

右の地図を見て，次の問いに答えなさい。

(1) マリ，ニジェール，エチオピア，ザンビアに共通する特徴を簡単に書きなさい。

［　　　　　　　　　　　　　　　　　　　　　　　　　　　　　　　　　　　　］

(2) アフリカ州の国々で直線の国境が多く見られる理由を「ヨーロッパ」という言葉を使って簡単に説明しなさい。

［　　　　　　　　　　　　　　　　　　　　　　　　　　　　　　　　　　　　］

# 2 地球儀と地球上の位置／さまざまな世界地図

チャート式シリーズ参考書 >>
第1章③〜④

## チェック

空欄をうめて，要点のまとめを完成させましょう。

【緯度と経度】

① 地球の一周は約〔　　　　　〕万kmである。

② 大陸や海洋の形，分布などを正しく表している，地球を縮小した模型を〔　　　　　〕という。

③ 〔　　　　　〕を0度として，地球の南北をそれぞれ90度に分けたものを緯度といい，北を〔　　　　　〕，南を〔　　　　　〕として示す。

④ ロンドンを通る〔　　　　　〕を0度として，地球の東西をそれぞれ180度に分けたものを経度といい，東を〔　　　　　〕，西を〔　　　　　〕として示す。

【傾く地球】

⑤ 地球は太陽に対して約23.4度傾いた状態で，1日に1回転している。これを〔　　　　　〕という。

⑥ 地球は1年をかけて太陽の周りを1周している。これを〔　　　　　〕という。

⑦ 北半球の日本では，6月下旬の〔　　　　　〕に昼が最も長くなり，12月下旬の〔　　　　　〕に夜が最も長くなる。

⑧ 高緯度地方では，夏に一日じゅう太陽がしずまない〔　　　　　〕とよばれる現象がおきる。逆に冬には，一日じゅう太陽がのぼらない〔　　　　　〕とよばれる現象がおきる。

【さまざまな世界地図】

⑨ 図の中心からの距離と方位が正しく示されている世界地図の図法を〔　　　　　〕という。

⑩ 緯線と経線が直角に交わった世界地図の図法を〔　　　　　〕という。

⑪ ⑩の図法の地図は，ある地点からの角度が正しく表されていることから，〔　　　　　〕などに使われる。

**ポイント**

地球は完全な球体ではなく，両極方向より赤道方向が少し長い楕円形になっているよ。

**経度の基準**

経度0度の線は，ロンドン郊外の旧グリニッジ天文台を通っている。

**季節のちがい**

地球は地軸が傾いた状態で太陽の周りを1年かけて1周するので，時期と場所によって太陽の光の当たり方が異なり，季節のちがいが生じる。

**さまざまな世界地図がある理由**

地球の表面は球面のため，平面の地図上ですべてを正確に表すことができない。そのため，方位・面積・角度など，目的に応じて，それぞれを正しく表す地図が使われる。

チェックの解答　①4　②地球儀　③赤道，北緯，南緯　④本初子午線，東経，西経　⑤自転　⑥公転　⑦夏至，冬至　⑧白夜，極夜　⑨正距方位図法　⑩メルカトル図法　⑪航海図

解答 ➡ 別冊p.2

## ✍ トライ

**1** 右の図を見て，次の文章の①〜⑤にあてはまる語句を，下の
ア〜シからそれぞれ選びなさい。

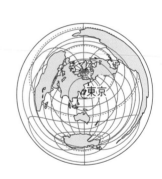

Aの線を境として，南北をそれぞれ（ ① ）度ごとに分けた
ものが緯度であり，緯度0度にあたるAの線は（ ② ）とよば
れる。また，（ ③ ）を通過するBの線を境として，東西をそ
れぞれ（ ④ ）度ごとに分けたものが経度であり，経度0度に
あたるBの線は（ ⑤ ）とよばれる。

ア 60　イ 90　ウ 120　エ 180　オ 赤道
カ 回帰線　キ 本初子午線　ク 国境線
ケ ロンドン　コ パリ　サ ローマ　シ ニューヨーク

①[　　　]　②[　　　]　③[　　　]　④[　　　]　⑤[　　　]

**2** 次の文が正しければ○，誤っていれば×を書きなさい。

(1) 地球は太陽に対して約60度傾いた状態で，太陽の周りを1日に1回転している。　[　　　]

(2) 北半球の日本では，6月下旬の夏至に昼が最も長くなる。　[　　　]

(3) 高緯度地方では，夏に一日じゅう太陽がのぼらない極夜とよばれる現象がおきる。　[　　　]

**3** 右の地図を見て，次の文の①〜③にあてはまる語句を書きなさい。

この地図は，中心からすべての地点への（ ① ）と（ ② ）が正
しく表されており，（ ③ ）図法とよばれる。

①[　　　　　　　]
②[　　　　　　　]
③[　　　　　　　]

## ✍ チャレンジ

解答 ➡ 別冊p.2

右の地図中のX〜Zから，最も面積
の大きい島を1つ選びなさい。また，
選んだ理由を地図の特徴から簡単に
説明しなさい。

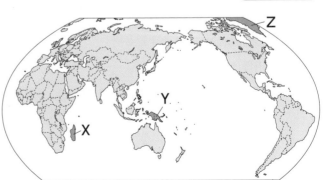

記号[　　　]

理由[　　　　　　　　　　　　　　]

# ❸ 日本の姿

## チェック

空欄をうめて，要点のまとめを完成させましょう。

**【緯度・経度による位置と時差】**

① 日本は，兵庫県[　　　　]市を通る[　　　　]度を標準時に定めている。

② 地球は24時間で1回転（360度）していることから，経度[　　　　]ごとに1時間の時差が生じる。

③ 経度180度に沿って引かれた線を[　　　　]といい，この線をこえるときには日付を1日進めたり，遅らせたりする。

**【世界のなかの日本の位置】**

④ 日本はユーラシア大陸の東の端に位置するため，ヨーロッパ州からは東アジア諸国とともに[　　　　]とよばれる。

**【日本の国土／日本の領域】**

⑤ 日本の国土面積は約[　　　　]万km²である。

⑥ 日本の北端は択捉島，南端は[　　　　]，東端は南鳥島，西端は[　　　　]である。

⑦ 領域とは，領土，領海，[　　　　]の3つからなる。

**【領土をめぐる問題】**

⑧ 沿岸から[　　　　]海里までを[　　　　]水域といい，日本のこの水域の広さは領土面積の約10倍である。

⑨ [　　　　]群島，色丹島，[　　　　]，択捉島を北方領土とよぶが，現在，[　　　　]に不法占拠されている。

⑩ 東シナ海の無人島である[　　　　]は沖縄県に属しているが，現在，[　　　　]と台湾が領有権を主張している。

**【日本の都道府県／地域区分】**

⑪ 日本の都道府県は，1都1道2府[　　　　]からなる。

⑫ 都道府県は，九州，中国・四国，[　　　　]，中部，関東，[　　　　]，北海道の7地方に区分されることが多い。

### 日本の位置
日本は，およそ東経122〜154度，北緯20〜46度の範囲に位置している。

### 日付の調整
日付変更線を，西から東へこえるときには，日付を1日遅らせる。逆に東から西へこえるときには，日付を1日進める。

日本の国土面積は世界で約60番目だよ。

### 公海
排他的経済水域の外側を公海といい，沿岸国以外の国も，自由に航行や資源の採掘を行うことができる。

### 竹島
島根県に属する竹島は現在，韓国が実行支配を続けている。

### 細かい地域区分
中国・四国地方は山陰・瀬戸内・南四国に，中部地方は北陸・中央高地・東海に，それぞれ分けられることもある。

チェックの解答　①明石，東経135　②15　③日付変更線　④極東　⑤38　⑥沖ノ鳥島，与那国島　⑦領空　⑧200，排他的経済　⑨歯舞，国後島，ロシア連邦　⑩尖閣諸島，中国　⑪43県　⑫近畿，東北

**1** 右の地図を見て，次の問いに答えなさい。

(1) 日本の領域にあたる緯度を，次の
ア～エから選びなさい。

ア　南緯20～46度

イ　南緯30～56度

ウ　北緯20～46度

エ　北緯30～56度

〔　　　　〕

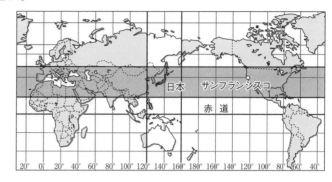

(2) 国土全体が(1)の中に入る国を，次
のア～エから選びなさい。

ア　ブラジル　　イ　インド　　ウ　ドイツ　　エ　イタリア　　〔　　　　〕

(3) 日本が1月1日午前7時のとき，サンフランシスコは何月何日の何時ですか。なお，サンフラン
シスコの標準時子午線は地図中の都市に近い経線です。　　〔　　　　　　　　　〕

**2** 次の問いに答えなさい。

(1) 日本の国土面積は約何万km²ですか。　　〔　　　　　　　〕

(2) 日本の東端の島を何といいますか。　　〔　　　　　　　〕

(3) 領土と領海の上空部分の範囲を何といいますか。　　〔　　　　　　　〕

(4) 日本の都道府県の数は，全部でいくつですか。　　〔　　　　　　　〕

(5) 7地方のうち，東京都をふくむ地方を何といいますか。　　〔　　　　　　　〕

**3** 次の文が正しければ○，誤っていれば×を書きなさい。

(1) 日付変更線を西から東へこえるとき，日付を1日進める。　　〔　　　　〕

(2) 島根県の竹島は現在，韓国が実行支配を続けている。　　〔　　　　〕

(3) 中国・四国地方のうち，県名と県庁所在地名が異なる県は2つある。　　〔　　　　〕

🖊 **チャレンジ** ·········· 解答 ➡ 別冊p.3

右の地図を見て，次の問いに答えなさい。

(1) 地図中に　　　　で示した範囲を何といいますか。

〔　　　　　　　　　〕

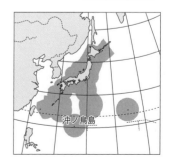

(2) 地図中の沖ノ鳥島を波の侵食から守るため，日本政府は数百億円
の金額を使っています。その理由を，簡単に書きなさい。

〔

**1** 右の地図を見て，次の問いに答え
なさい。

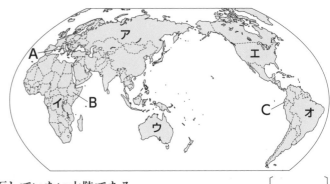

(1) 次の①・②の説明にあたる大陸
を，地図中のア〜オからそれぞれ
選びなさい。

　① 人口が，世界1位と2位の国
が位置する大陸である。
［　　　　　］

　② 三大洋のうちの，最大の海洋に面していない大陸である。　　　　　　　　　　［　　　　　］

(2) 地図中のアの大陸は，アジア州とヨーロッパ州の2つに分けられ，アジア州はさらに5つに区
分されます。次の①・②の国々が属するアジア州の区分を，下のア〜オから選びなさい。
　① イラン・サウジアラビア　　② マレーシア・インドネシア
　　ア 東アジア　　イ 東南アジア　　ウ 南アジア　　エ 中央アジア　　オ 西アジア
①［　　　　　］　②［　　　　　］

(3) 地図中のAは，面積が世界最小の国です。その国名を答えなさい。　［　　　　　　　］

(4) 地図中のBは，周囲を他の国に囲まれ，海に面していない国です。このような国を何といいま
すか。また，Bの国名を次のア〜エから選びなさい。
　　ア ボリビア　　イ エチオピア　　ウ スイス　　エ ネパール
よび名［　　　　　　　］　国名［　　　　　］

(5) 地図中のCは，スペイン語で「赤道」という意味の国名をもつ国です。その国名を答えなさい。
［　　　　　　　］

**2** 右の地図を見て，次の問いに答えなさい。

(1) この地図に関する説明として正しいものを，次のア〜エか
ら選びなさい。
　　ア 面積が正しい地図である。
　　イ 緯度と経度が正しい地図である。
　　ウ 中心からの距離と方位が正しい地図である。
　　エ 航海図などに利用される地図である。　［　　　　　］

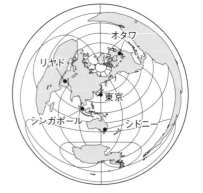

(2) 地図中の都市のうち，東京から最も遠い都市を答えなさい。
［　　　　　　　］

(3) 東京から飛行機で真東に移動したとき，最初に通過する州を，次のア〜エから選びなさい。
　　ア アジア州　　イ オセアニア州　　ウ 北アメリカ州　　エ 南アメリカ州
［　　　　　］

**3** 右の地図を見て，次の問いに答えなさい。

(1) 地図中のA～Dの都市のうち，時刻が最も進んでいる都市を選びなさい。
〔　　　　〕

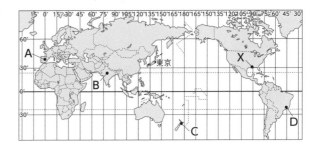

(2) 地図中のXの都市は，西経90度を標準時子午線（しごせん）としています。この都市が3月3日の午前8時のとき，日本は何月何日何時となりますか。〔　　　　　　　　〕

**4** 右の地図を見て，次の問いに答えなさい。

(1) 地図中のXは日本の東端（とうたん），Yは日本の西端（せいたん）の島です。島の名称をそれぞれ答えなさい。

X〔　　　　　　　　〕　Y〔　　　　　　　　〕

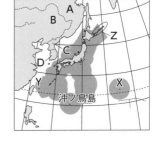

(2) 地図中のZは歯舞群島（はぼまい）・色丹島（しこたん）・国後島（くなしり）・択捉島（えとろふ）の島々です。この島々を何といいますか。また，現在この島々を不法占拠（せんきょ）している国を，地図中のA～Dから選びなさい。

よび名〔　　　　　　　　〕　国〔　　　　〕

(3) 地図中の  は，日本の排他的経済水域（はいた）を表しています。これに関する次の文の①・②にあてはまる数字や語句を答えなさい。

　排他的経済水域とは，沿岸から（　①　）海里以内（かいり）の水域で，沿岸国が水産資源や天然資源を占有（せんゆう）することができる。その水域の外側は（　②　）とよばれ，どの国も自由な航行や，資源の利用が認められている。①〔　　　　　　　　〕　②〔　　　　　　　　〕

**5** 右の地図を見て，次の問いに答えなさい。

(1) 地図中のA～Fのうち，県名と県庁所在地名が異なるものはどれですか。記号を選び，県庁所在地の名称を答えなさい。

記号〔　　　〕　県庁所在地〔　　　　　　　　〕

(2) 地図中のA～Fのうち，県庁所在地が門前町として発展した県を選びなさい。〔　　　　〕

(3) 地図中のA～Fのうち，①東北地方，②近畿地方（きんき）に属する県を，それぞれ選びなさい。

①〔　　　〕　②〔　　　〕

(4) 中国・四国地方は，3つの地域に分けることがあります。そのうち，地図中のEがふくまれる地域を何といいますか。〔　　　　　　　　〕

(5) 日本の区分は，地図中のXの線を境に，東日本と西日本に二分することもあります。大地溝帯（だいちこうたい）ともよばれるこの線を何といいますか。〔　　　　　　　　〕

# ④ 世界の気候

## チェック

空欄をうめて，要点のまとめを完成させましょう。

【世界の気候帯】

① 赤道付近に分布し，1年を通して気温が高い気候帯を〔　　　〕という。

② ①の気候帯より高緯度の地域で，回帰線のあたりに分布し，1年を通して降水量が少ない気候帯を〔　　　〕という。

③ 中緯度地方に分布し，温暖で四季の季節の変化がはっきりしている気候帯を〔　　　〕という。

④ 高緯度地方に分布し，冬の寒さはきびしいが夏は気温が上がる気候帯を〔　　　〕という。

⑤ 北極や南極の周辺に分布し，1年を通して低温で，大半が雪と氷におおわれた気候帯を〔　　　〕という。

【5つの気候帯】

⑥ ①の気候帯のうち，降水量が多く，常緑広葉樹が広がりスコールがしばしば降る気候を〔　　　〕という。

⑦ ①の気候帯のうち，雨の降る雨季と降らない乾期があり，丈の高い草原に低い木がまばらに生える気候を〔　　　〕という。

⑧ ②の気候帯のうち，雨季にわずかな雨が降り，丈の低い草原が広がる気候を〔　　　〕という。

⑨ ③の気候帯のうち，季節風（モンスーン）の影響を受け，夏は高温多湿，冬は低温で乾燥する気候を〔　　　〕という。

⑩ ③の気候帯のうち，沖合の暖流と偏西風の影響を受け，高緯度のわりに温暖で，1年を通して雨が降る気候を〔　　　〕という。

⑪ ⑤の気候帯のうち，短い夏があり，氷がとけてわずかにこけ類が生える気候を〔　　　〕という。

⑫ 標高が高くなるにつれて気温が低くなる，アンデス山脈の高地やチベット高原などに見られる気候を〔　　　〕という。

### 回帰線
太陽が真上にくる最北端の線（北回帰線）と，最南端の線（南回帰線）がある。北回帰線は北緯23.4度，南回帰線は南緯23.4度。

### スコール
とつぜん吹く強風で，激しい雨や雷をともなうこともある。

### 季節風
季節風（モンスーン）は季節によって吹く向きが変わる風。夏は海から大陸へ，冬は大陸から海へ吹く。

### 偏西風
1年じゅう西から東に吹く風。大陸の西岸の気候に強い影響をあたえる。

標高が100m上がるごとに，気温は約0.6℃ずつ下がるよ。

チェックの解答 ①熱帯 ②乾燥帯 ③温帯 ④冷帯（亜寒帯）⑤寒帯 ⑥熱帯雨林気候 ⑦サバナ気候 ⑧ステップ気候 ⑨温暖湿潤気候 ⑩西岸海洋性気候 ⑪ツンドラ気候 ⑫高山気候

解答 ➡ 別冊p.3

**トライ**

右の地図を見て，次の問いに答えなさい。

(1) 地図中の①～④の都市の気候を示すグラフを，右下のア～エからそれぞれ1つずつ選びなさい。

①[　　　]
②[　　　]
③[　　　]
④[　　　]

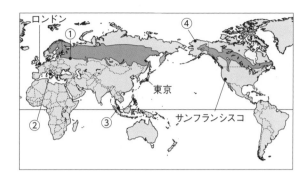

(2) 地図中②の都市の気候を何といいますか。

[　　　　　　　]

(3) 地図中に名称を示した都市の中から，西岸海洋性気候の都市を1つ選びなさい。

[　　　　　　　]

(4) 地図中の▩の地域に見られる針葉樹林を何といいますか。カタカナ3字で書きなさい。

[　　　　　　　]

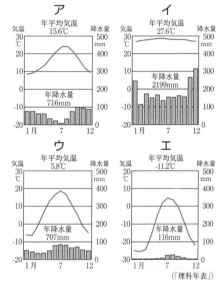

（「理科年表」）

**チャレンジ**

解答 ➡ 別冊p.3

次の問いに答えなさい。

(1) 右のグラフは，アルゼンチンのブエノスアイレスの気候（温帯）を示しています。この地域の12月～2月の季節は春夏秋冬のどれにあたりますか。そう判断する理由を簡単に説明しなさい。

季節[　　　　　　]
理由[　　　　　　　　　　　　　　　　　　　　　]

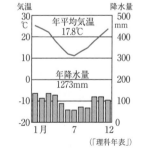

（「理科年表」）

(2) 右の表は，フランスのリヨンと札幌の緯度と年平均気温などを比較したものです。この表から読み取れるちがいと，その理由を，簡単に説明しなさい。なお，理由についてはリヨンの気候について述べること。

| 都市 | 北緯 | 年平均気温 | 年降水量 |
|---|---|---|---|
| リヨン | 45度43分 | 11.9℃ | 855.3 mm |
| 札幌 | 43度4分 | 8.9℃ | 1106.5 mm |

ちがい[　　　　　　　　　　　　　　　　　　　　　　　　　　　]
理由[　　　　　　　　　　　　　　　　　　　　　　　　　　　　　]

# 5 それぞれの気候帯のくらし／言語・宗教と人々のくらし

チャート式シリーズ参考書 »
第3章 ②〜③

## ✎ チェック

空欄をうめて，要点のまとめを完成させましょう。

ポイント

【それぞれの気候帯のくらし】

① 熱帯地域の海岸や河口付近で，海底や川底に根をはり，さまざまな水中生物のすみかになっている低木群を［　　　　　　］という。

② 1枚の大きな布を体に巻いて身につける，インドの女性の衣服を［　　　　　　］という。

③ 砂漠のなかには，水がわき出る［　　　　　　］とよばれる場所があり，作物栽培が行われ，集落や町が形成されているところもある。

④ モンゴルの草原では，［　　　　　　］とよばれる移動式のテントに住みながら遊牧生活を送る人たちがいる。

⑤ 西岸海洋性気候や地中海性気候のヨーロッパなどでは，小麦が原料の［　　　　　　］やパスタが主食となっている。

⑥ アンデス山脈の高地では，寒さに強く，着脱がしやすい［　　　　　　］とよばれる衣服が着用されている。

【世界の言語と民族】

⑦ 国が，政府機関や役所などで使用することを決めている言語を［　　　　　　］という。

⑧ オーストラリアの先住民族は［　　　　　　］とよばれる。

【世界の宗教と民族，日本の年中行事と文化】

⑨ ヨーロッパや南北アメリカなどで広く信仰されている，イエス・キリストが開いた宗教は［　　　　　　］である。

⑩ 西アジアや北アフリカなどで広く信仰されている，ムハンマドが開いた宗教は［　　　　　　］である。

⑪ 東南アジアや東アジアなどで広く信仰されている，ブッダが開いた宗教は［　　　　　　］である。

⑫ 日本で11月に行われる，子どもの成長を祝う年中行事を［　　　　　　］という。

---

### イスラムの女性の衣服

イスラムの女性は，チャドルという服やヒジャブとよばれる布で，肌や顔をかくす習慣がある。

アンデス山脈の高地では，リャマやアルパカなどの家畜が放牧されているよ。

### 母語

家族や近親者から学び，人が自然に身につけていく言語。中国語は，世界の人口の約5分の1が，母語として使っている。

### 3つの宗派

キリスト教は，カトリック，プロテスタント，正教会の3つの宗派に分けられる。

### 日本の年中行事

日本の年中行事にはほかに，正月の初詣，2月の節分，7月の七夕などがある。

---

チェックの解答 ①マングローブ ②サリー ③オアシス ④ゲル ⑤パン ⑥ポンチョ ⑦公用語 ⑧アボリジニ ⑨キリスト教 ⑩イスラム教 ⑪仏教 ⑫七五三

## ✏️ トライ

**1** 次の文が正しければ○, 誤っていれば×を書きなさい。

(1) 熱帯の地域の伝統的な家屋は, 風通しが悪いために建てられなくなった。　[　　　]

(2) 乾燥帯の地域では, 強い日差しを防ぐために全身をおおう衣服を着る。　[　　　]

(3) 永久凍土のある地域では, 高床の建物が建てられている。　[　　　]

(4) グローバル化により, 伝統的な衣装は特別な行事のとき以外着られていない。　[　　　]

(5) イヌイットの伝統食の生肉は, 今は食べられていない。　[　　　]

(6) アンデス山脈の高地に住む人たちは, サリーという衣服を着ている。　[　　　]

**2** 右の地図を見て, 次の問いに答えなさい。

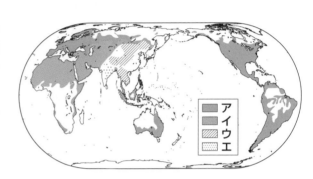

(1) 次の①～④の説明にあてはまる宗教を地図中のア～エからそれぞれ1つ選び, 記号で答えなさい。

① 牛を神聖な動物として大切にしている。　[　　　]

② インドのシャカが開いた。　[　　　]

③ 教典「コーラン」の教えにもとづいて生活をしている。　[　　　]

④ もともとは, 西アジアで始まった。世界で最も信者が多い。　[　　　]

(2) 地図中のアの宗教の教典を何といいますか。

[　　　　　　　　　]

(3) 地図中のイの宗教で建てられる礼拝所を何といいますか。

[　　　　　　　　　]

## ✏️ チャレンジ

次の問いに答えなさい。

(1) キリスト教の信者が多い州を4つ答えなさい。

[　　　　　] [　　　　　] [　　　　　] [　　　　　]

(2) (1)の州のうち, カトリックの信者の割合が高いのはどの州ですか。

[　　　　　　　　　]

(3) (2)の州でカトリックの信者の割合が高いのはなぜですか。簡単に説明しなさい。

[

(4) (1)の州のうち, プロテスタントの信者の割合が高い州の, 言語における共通点を簡単に説明しなさい。

[

# 6 アジア州の自然と社会①

## 💬 チェック

空欄をうめて，要点のまとめを完成させましょう。

ポイント

### 【自然環境と民族・宗教】

① 東アジアには，中国を流れる[　　　　　]や黄河，東南アジアにはタイやベトナムを流れるメコン川などの大河がある。

② 東アジアと東南アジアの沿岸部は，季節によって吹く向きが変わる[　　　　　]の影響を強く受けている。

③ 中国では1970年代から2010年代半ばまで，人口増加をおさえるために[　　　　　]とよばれる政策が行われてきた。

④ マレーシアなど，多くの民族から構成される国家を[　　　　　]という。

⑤ 東南アジアの国々のうち，タイやミャンマーなどでは仏教徒が，マレーシアやインドネシアなどでは[　　　　　]教徒が，フィリピンでは[　　　　　]教徒が多い。

### 【アジアの農林水産業／工業と資源】

⑥ 中国の華北では[　　　　　]を中心とした畑作が，華中・華南では稲作がさかんに行われている。

⑦ メコン川やエーヤワディー川などの下流の広大なデルタ（三角州）では，米を1年間に同じ土地で2度つくる[　　　　　]が行われている。

⑧ マレーシアやインドネシアなどでは，[　　　　　]とよばれる大農園で，油やしや天然ゴムなどが栽培されている。

⑨ 中国は外国企業を誘致するために，沿岸部のシェンチェンなどに[　　　　　]を設け，その後，経済開発区も設定した。

⑩ 1960年代以降，造船や鉄鋼を中心に，韓国は[　　　　　]とよばれる経済成長をとげた。

⑪ いち早く急速な工業化をとげた韓国，台湾，[　　　　　]，ホンコンは[　　　　　]と総称される。

⑫ 1967年，東南アジアの国々によって東南アジア諸国連合，略称[　　　　　]が結成された。

---

**中国の人口問題**

中国では今後，人口の高齢化と労働人口の減少が進むと予想されている。

> マレーシアは，マレー人，中国系の華人，インド系のタミル人などからなるよ。

**中国西部の農業**

乾燥地が広がり作物の栽培には適していないため，牧畜が中心となっている。

**漢江**

韓国の北部，首都ソウルの中心を流れる川。

**ASEANの加盟国**

タイ，マレーシア，シンガポール，インドネシア，フィリピン，ブルネイ，ベトナム，ミャンマー，カンボジア，ラオスの10か国が加盟国。

---

チェックの解答 ①長江 ②季節風（モンスーン）③一人っ子政策 ④多民族国家 ⑤イスラム，キリスト ⑥小麦 ⑦二期作 ⑧プランテーション ⑨経済特区 ⑩漢江の奇跡 ⑪シンガポール，アジアNIES（ニーズ）（新興工業経済地域）⑫ASEAN

解答 ➡ 別冊 p.4

## トライ

右の地図を見て，次の問いに答えなさい。

(1) 地図中の，①と②の高原，③と④の川のよび名を，それぞれ答えなさい。

①〔　　　　　　　〕②〔　　　　　　　〕
③〔　　　　　　　〕④〔　　　　　　　〕

(2) 右下のグラフが示す気候の都市を，地図中のX～Zから選びなさい。　〔　　　　　〕

(3) 地図中に◆で示した，外国企業が多く進出している地区を何といいますか。
〔　　　　　　　　　〕

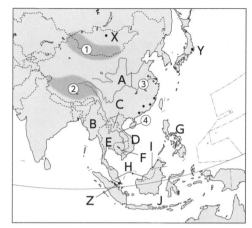

(4) 地図中のA国の出身で，世界の各地で国籍（こくせき）をとり，その国に定着している人々を何といいますか。
〔　　　　　　　　　〕

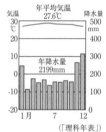

(5) 地図中のB～Jの国が加盟している地域連合を何といいますか。
〔　　　　　　　　　〕

(6) 地図中のB～Jの国から，キリスト教徒の割合が最も多い国を選び，記号と国名を答えなさい。
記号〔　　　〕　国名〔　　　　　　　　　〕

(7) 次の文章の①・②にあてはまる言葉を答えなさい。

中国は1980年代以降，急速な工業化をとげ，中国の製品が世界中に輸出されるようになったことから，「世界の（　①　）」とよばれるようになった。その一方，工業化の進んだ沿岸部と，内陸の農村部との間の（　②　）が深刻となり，中国政府は西部大開発を進めて問題の解消にあたっている。

①〔　　　　　　　〕②〔　　　　　　　〕

## チャレンジ

解答 ➡ 別冊 p.4

右のグラフは，米の国別の生産量と輸出量の割合を示したものです。これを見て，次の問いに答えなさい。

(1) 生産量1位～5位の国の地域的な共通点は何ですか。
〔　　　　　　　　　　　〕

(2) 中国の米の生産順位に比べ，輸出順位が低いのはなぜですか。
〔　　　　　　　　　　　〕

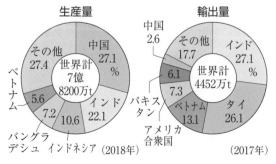

(2020/21「世界国勢図会」)

17

# 7 アジア州の自然と社会②

## 🖋 チェック

空欄をうめて，要点のまとめを完成させましょう。

**【自然環境と民族・宗教】**

① インドと中国の国境となっている一帯には，けわしい〔　　　　　〕山脈が連なっている。

② 〔　　　　　〕の人口は13億人以上で，中国に次いで世界2位の人口である。

③ 南アジアの国々のうち，インドでは〔　　　　　〕教徒が，スリランカでは仏教徒が多い。

④ 西アジアのペルシャ湾岸の国々では〔　　　　　〕教徒が多い。

**【アジアの農林水産業／工業と資源】**

⑤ インドでは，インダス川の上流などで小麦，〔　　　　　〕高原で綿花の栽培がさかんである。

⑥ インドのアッサム地方やスリランカでは，〔　　　　　〕の栽培がさかんである。

⑦ 西アジアや中央アジアの乾燥地では，水や草を求めて移動し，羊やらくだを飼育する〔　　　　　〕が行われている。

⑧ 西アジアや中央アジアでは，水がわく場所で小麦やナツメヤシなどを栽培する〔　　　　　〕農業が行われている。

⑨ インドでは近年，デリーやベンガルールを中心に，〔　　　　　〕関連産業の成長がめざましい。

⑩ 石油を産出するペルシャ湾岸の国々を中心に〔　　　　　〕が結成され，価格や生産量などを調整している。

⑪ 中央アジアのウズベキスタンやカザフスタンでは，石油・石炭・天然ガスのほか，〔　　　　　〕とよばれる希少金属も産出されている。

⑫ 近年，ペルシャ湾岸の国では，石油依存を脱却して新しい産業の育成に力を入れている国もあり，アラブ首長国連邦の〔　　　　　〕に代表される先進的な都市も成長している。

標高が8800mをこえる世界一高い山のエベレストがあるよ。

**エルサレム**

イスラム教の聖地であるエルサレムは，キリスト教・ユダヤ教の聖地ともなっている。

**乾燥地の大規模農業**

近年は，かんがい施設が整備され，アラビア半島では巨大なスプリンクラーを使った大規模農業も行われている。

**レアメタルの種類**

レアメタルには，リチウム，チタン，クロム，ニッケル，マンガン，コバルトなどがある。

(チェックの解答) ①ヒマラヤ ②インド ③ヒンドゥー ④イスラム ⑤デカン ⑥茶 ⑦遊牧 ⑧オアシス ⑨ICT（情報通信技術）⑩石油輸出国機構（OPEC）⑪レアメタル ⑫ドバイ

**1** 右の地図を見て，次の問いに答えなさい。

(1) 地図中の①の半島，②の湾のよび名を，それ
ぞれ答えなさい。

①〔　　　　　　　〕 ②〔　　　　　　　〕

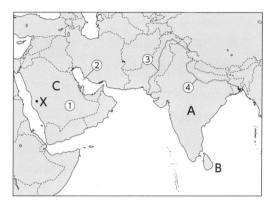

(2) 地図中の③，④の川の名前を次から選んで書
きなさい。

```
チグリス川    ガンジス川
メコン川      インダス川
```

③〔　　　　　　　〕 ④〔　　　　　　　〕

(3) 地図中のA～Cの国について，次の説明を参考に，国名を書きなさい。

A 仏教がおこった国だが，ヒンドゥー教徒が最も多い。　〔　　　　　　　〕

B A国と並び，紅茶の生産量が多い。仏教徒が多い国である。　〔　　　　　　　〕

C 国土のほとんどが砂漠で，日本の原油輸入先第1位の国である。　〔　　　　　　　〕

(4) 地図中のC国など，西アジアや中央アジアの国々で信者の多い宗教は何ですか。

〔　　　　　　　〕

(5) 地図中のXにある，(4)の聖地を何といいますか。　〔　　　　　　　〕

**2** 次の文が正しければ○を，誤っていれば×を書きなさい。

(1) インドのベンガルールなどでは，ICT（情報通信技術）関連産業が発達している。　〔　　　〕

(2) インドのアッサム地方では，綿花の栽培がさかんである。　〔　　　〕

(3) アラブ首長国連邦の首都はアブダビである。　〔　　　〕

(4) インダス川の上流では，稲作がさかんである。　〔　　　〕

右の表は，現在のOPEC加盟国をまとめたも
ので，イスラム教の国を赤色で示してあります。
この表から，OPECはどんなことを目的に組織
されていると考えられますか。「イスラム教」，「利
益」という言葉を使って，簡単に説明しなさい。

〔　　　　　　　　　　　　　　　　〕

| 加盟年 | 国名 |
|---|---|
| 1960 | イラク　イラン　クウェート サウジアラビア　ベネズエラ |
| 1962 | リビア |
| 1967 | アラブ首長国連邦 |
| 1969 | アルジェリア |
| 1971 | ナイジェリア |
| 2000 以降 | アンゴラ ガボン（再加盟，前加盟期間 1975～95） 赤道ギニア　コンゴ共和国 |

# 8 ヨーロッパ州の自然と社会①

チャート式シリーズ参考書 >> 第4章 ② ①〜④

## ✎ チェック

空欄をうめて、要点のまとめを完成させましょう。

### 【自然環境と民族・文化】

① スカンディナビア半島の西沿岸には，〔　　　　　　　〕とよばれる入江が見られる。

② ヨーロッパ北部は，北西部の沖合を暖流の〔　　　　　　　〕が流れ，〔　　　　　〕がその上空の暖かい空気を運んでくるため，高緯度のわりに温暖である。

③ ヨーロッパ北・中部のドイツやイギリスでは〔　　　　　　　〕の信者が，西・南部のスペインやイタリアでは〔　　　　　　　〕の信者が多い。

### 【ヨーロッパの歩みとEU（ヨーロッパ連合）】

④ 1967年に発足した〔　　　　　〕を母体として，1993年にEU（ヨーロッパ連合）が結成された。

⑤ EUの加盟国の多くは，共通通貨の〔　　　　　　〕を導入している。

### 【ヨーロッパの農林水産業】

⑥ ヨーロッパの広い範囲で，〔　　　　　〕を原料とするパン，パスタ，ピザなどが主食として食べられている。

⑦ ヨーロッパの中部では，家畜の飼育と飼料作物の栽培を組み合わせた〔　　　　　〕が行われている。

⑧ オランダやデンマークでは，乳牛を飼育し，チーズやバターなどの乳製品を生産する〔　　　　　〕がさかんである。

### 【ヨーロッパの鉱工業・観光業】

⑨ 18世紀後半，イギリスでは蒸気機関の発明により〔　　　　　　〕がおこり，近代工業が発達した。

⑩ ユーロポートやロッテルダムなど，原材料・製品の輸出入に便利な臨海部に，〔　　　　　　〕工業を中心とする工業地帯が形成された。

⑪ ヨーロッパでは，農山村の生活を楽しむ滞在型のルーラル・ツーリズムや，環境・自然学習をかねた〔　　　　　〕が人気になっている。

---

**ポイント**

**フィヨルド**

氷河によって侵食されたU字型の谷に，海水が入りこんでできた地形。

**ヨーロッパの民族**

北・中部はゲルマン系，西・南部はラテン系，東部はスラブ系の民族。

2020年，自国経済を優先するイギリスは，EUから離脱したよ。

**オランダの農業**

オランダではポルダーとよばれる干拓地で，チューリップの球根や野菜の栽培など，園芸農業も行われている。

**ユーロポート**

マース川（ライン川の支流）の河口につくられたEU最大の貿易港。パイプラインで，内陸部の工業地帯と結びついている。

---

チェックの解答 ①フィヨルド ②北大西洋海流，偏西風 ③プロテスタント，カトリック ④EC（ヨーロッパ共同体） ⑤ユーロ ⑥小麦 ⑦混合農業 ⑧酪農 ⑨産業革命 ⑩石油化学 ⑪エコツーリズム

### トライ

右の地図を見て，次の問いに答えなさい。

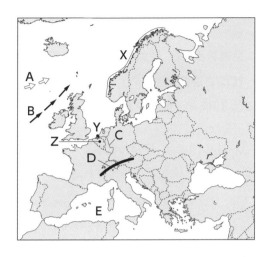

(1) 地図中のAの風，Bの海流，Cの川，Dの山脈のよび名を，それぞれ答えなさい。

　A[　　　　　] 　B[　　　　　]
　C[　　　　　] 　D[　　　　　]

(2) 地図中のEの海の沿岸に見られる農業でさかんにつくられている作物を次のア～エから選びなさい。

　ア　じゃがいも，とうもろこし，トマト
　イ　茶，コーヒー，カカオ
　ウ　大麦，ライ麦，えん麦
　エ　ぶどう，オリーブ，小麦　　　　[　　　]

(3) 地図中のXの地域に見られる，氷河の侵食によってできた地形を何といいますか。

[　　　　　　　　　　]

(4) 地図中のYにある，ヨーロッパ最大の貿易港を何といいますか。　　[　　　　　　　]

(5) 地図中のZにはEU本部があります。これについて，次の各問いに答えなさい。

　① Zの都市名は何ですか。　　　　　　　　　　[　　　　　　]
　② EUで使われている共通通貨を何といいますか。　　[　　　　　　]
　③ 2020年にEUを離脱した国はどこですか。　　　[　　　　　　]

(6) ヨーロッパで最も小麦の輸出量が多い国はどこですか。　[　　　　　　]

### チャレンジ

右の表は，ヨーロッパの国の製造業の労働者の賃金を比較したものです。これを見て，次の問いに答えなさい。

(1) 表中の国のうち，下線のついた国に共通する特徴を次のア～エから選びなさい。

　ア　第二次世界大戦敗戦国　　イ　旧社会主義国
　ウ　イスラム教国　　　　　　エ　永世中立国

[　　　　]

| 国名 | 1時間あたり賃金<br>（アメリカドル） |
|---|---|
| ドイツ | 33.71 |
| フランス | 26.26 |
| チェコ | 7.85 |
| ポーランド | 6.99 |

(2016 年)（2020/21「世界国勢図会」）

(2) EU内では労働者の移動が自由になっています。右の表から，どの国の労働者がどの国に移動すると考えられますか。

[　　　　　　　　　　　　　　　　　　　　　　　]

# 9 ヨーロッパ州の自然と社会②

チャート式シリーズ参考書 >> 第4章 2 ⑤〜⑥

## チェック

空欄をうめて，要点のまとめを完成させましょう。

【ロシア連邦と周辺の国々】

① 1917年，世界最初の社会主義国として〔　　　　　　　　　〕が成立した。

② ①の国では，経済の低迷から脱皮するため，1980年代に〔　　　　　　　　　〕とよばれる政治・経済改革が行われた。

③ ロシア連邦やウクライナ，ポーランドなどは，〔　　　　　〕系の民族で，〔　　　　　〕の信者が多い。

④ 中央アジアの国々は，かつてロシア連邦との結びつきが強かったが，近年は「一帯一路」構想を進めている〔　　　　　　〕との関係を深めている。

⑤ ロシア連邦の国土は世界一で，人口の大半は首都〔　　　　　　　〕やサンクトペテルブルクなどがある西部に集中している。

⑥ 寒帯に属する北極海沿岸の地域では，こけ類や低木しか生えない〔　　　　　　　〕地帯が広がっている。

⑦ 冷帯に属する中・東部のシベリアでは，〔　　　　　　〕とよばれる針葉樹林帯が広がっている。

⑧ ロシアで産出される石油や天然ガスは，〔　　　　　　　〕を通ってEU諸国に送られている。

⑨ 1990年代以降にいちじるしい経済成長をとげた，ロシア連邦をふくむ新興5か国は，〔　　　　　　〕と総称される。

【ヨーロッパの課題と今後】

⑩ 20世紀後半，ヨーロッパでは〔　　　　　　〕の被害が拡大したため，1979年に長距離越境大気汚染条約が結ばれた。

⑪ 二酸化炭素の排出量を減らすため，風力や太陽光，バイオマスなどの〔　　　　　　〕エネルギーの開発・利用が進められている。

⑫ ドイツや北ヨーロッパを中心に，ごみの細かい分別や，3 R（リデュース・リユース・〔　　　　　　　〕）の取り組みが進められている。

### ポイント

**ソ連の崩壊**

1991年にソ連は解体し，ロシア連邦やウクライナをふくむ15の国に分裂した。

ロシア連邦は国土が東西に広いため，標準時が11も設定されているよ。

**BRICSの国々**

ロシア連邦（Russia）のほか，ブラジル（Brazil），インド（India），中国（China），南アフリカ共和国（South Africa）を指す。

**3 R**

リデュース（ごみの発生抑制），リユース（再使用），リサイクル（ごみの再資源化）の3つを指す。

## トライ

**1** 右の地図を見て，次の問いに答えなさい。

(1) 地図中のAの山脈，Bに広がる針葉
樹林のよび名を，それぞれ答えなさい。

A［　　　　　　　　　　］

B［　　　　　　　　　　］

(2) 地図中のC〜Fから，ロシアの首都の
位置を記号で選び，首都の名称を書き
なさい。

位置［　　　　　］

首都名［　　　　　　　　　］

(3) 地図中の黒土地帯でさかんにつくられている作物を次のア〜エから選びなさい。

ア 小麦，じゃがいも　　イ 米，茶

ウ コーヒー，カカオ　　エ ぶどう，オリーブ　　　　　　　　［　　　　　］

**2** 次の文が正しければ○，誤っていれば×を書きなさい。

(1) 1991年にロシア連邦が解体し，ソビエト社会主義共和国連邦が成立した。［　　　　　］

(2) ロシアではキリスト教のプロテスタントの信者が多い。［　　　　　］

(3) ロシアで産出される石油や天然ガスは，タンカーでEU諸国に輸送されている。［　　　　　］

(4) ロシアは新興5か国のBRICSの1つに挙げられている。［　　　　　］

## チャレンジ

右の2つの資料は，ロシア
と日本の貿易黒字に関するも
のです。日本がアメリカ合衆
国に対し貿易黒字であるのと
同様,ロシアはドイツに対して
貿易黒字です。日本とアメリ
カ合衆国の間で貿易摩擦がお
きたことがあり，ロシアとド
イツの間ではおきていない理
由を，「競合」という言葉を
使って説明しなさい。

資料1　おもな貿易黒字相手国との貿易額

| 国名 | 輸出 | 輸入 |
|---|---|---|
| 日本(対アメリカ合衆国) | 1406億ドル | 836億ドル |
| ロシア(対ドイツ) | 340億ドル | 255億ドル |

資料2　資料1の国のおもな貿易品目(上位3位まで)

| 国名 | 輸出品 | 輸入品 |
|---|---|---|
| 日本 | 機械類，自動車，精密機械 | 機械類,原油,液化天然ガス |
| アメリカ合衆国 | 機械類,自動車,石油製品 | 機械類，自動車，原油 |
| ロシア | 原油,石油製品,天然ガス | 機械類，自動車，医薬品 |
| ドイツ | 機械類，自動車，医療品 | 機械類，自動車，医療品 |

(2020/21「世界国勢図会」)

［　　　　　　　　　　　　　　　　　　　　　　　　　　　　　　　　　　　　　　　　　　　　　　　　］

# 確認問題②

解答 ➡ 別冊p.6

**1** 右の地図を見て，次の問いに答えなさい。

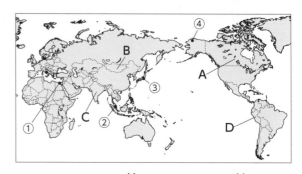

(1) 右下のX，Yは，地図中の①～④のいずれかの都市の気候を示すグラフです。あてはまる都市を選びなさい。

X〔　　　　〕　Y〔　　　　〕

(2) 地図中のAの国の北部に住む，あざらしやカリブーの狩猟など伝統的な生活を送ってきた先住民族を何といいますか。

〔　　　　　　　　　　〕

(3) 地図中のBの国の草原で暮らす遊牧民が利用している，移動式のテントを何といいますか。

〔　　　　　　　　　　〕

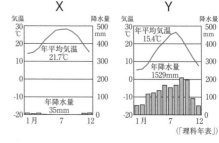

(「理科年表」)

(4) 地図中のCの国の女性が着ている，1枚の大きな布を身体に巻きつけて着る衣服を何といいますか。

〔　　　　　　　　　　〕

(5) 地図中のDの国で主食とされているものを，次のア～エから選びなさい。

ア 米　イ パン　ウ じゃがいも　エ タロいも

〔　　　　〕

**2** 次の問いに答えなさい。

(1) 地図中のAの国の ⬛ で栽培されている農作物として正しいものを，次のア～エから選びなさい。

ア 稲　イ だいず　ウ 茶　エ さとうきび

〔　　　　〕

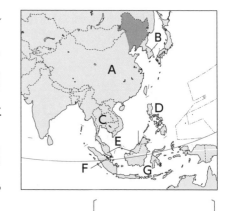

(2) 地図中のAの国が，増えすぎた人口をおさえるために2010年代半ばまで行っていた政策を何といいますか。

〔　　　　　　　　　　〕

(3) 地図中のAの国の特別行政区で，一国二制度をめぐる問題で自治権が危ぶまれている地域の名称を答えなさい。

〔　　　　　　　　　　〕

(4) 1960年代以降，「漢江の奇跡」とよばれる急速な経済発展をとげた国を，地図中のB～Gから選びなさい。

〔　　　　〕

(5) プランテーション農業がさかんで，とくにバナナの栽培・輸出で知られる国を，地図中のB～Gから選びなさい。

〔　　　　〕

(6) マレー人を中心に，中国系の華人，インド系のタミル人などからなる多民族国家を，地図中のB～Gから選びなさい。

〔　　　　〕

**3** 右の地図を見て，次の問いに答えなさい。

(1) 地図中の ⬬ の地域の高原のよび名と，この地域で
栽培がさかんな農作物を，それぞれ答えなさい。

よび名 [　　　　　　　　] 農作物 [　　　　　　　　]

(2) 地図中のAの国，Bの国，Cの国で信者が多い宗教を，
それぞれ答えなさい。

A [　　　　　　　　] B [　　　　　　　　]

C [　　　　　　　　]

(3) 近年，石油依存から脱却をめざし，金融業や観光業などで急速な発展をとげている先進都市
ドバイがある国を，地図中のA〜Eから選びなさい。　　　　　　　　　　　　[　　　　　]

**4** 右の地図を見て，次の問いに答えなさい。

(1) 地図中のXの地域でさかんに産出されている鉱産資源を，
次のア〜エから選びなさい。

ア 石油　　　　　　イ 鉄鉱石

ウ シェールガス　　エ ボーキサイト　　　　[　　　　　]

(2) 地図中のAの国で18世紀後半におこった，生産手段が手作
業から機械による大量生産に変わり，社会のしくみが大きく変
化した出来事を何といいますか。　　　[　　　　　　　]

(3) 地図中のBの国で，酪農や園芸農業がさかんに行われている，海を干拓してつくった海面より
も低い土地を何といいますか。　　　　　　　　　　　　　　　　[　　　　　　　]

(4) 地図中のCの国でさかんに栽培され，EU諸国へも大量に輸出されている農作物として正しい
ものを，次のア〜エから選びなさい。

ア 綿花　　イ 小麦　　ウ だいず　　エ じゃがいも　　　　[　　　　　]

(5) 地図中のDの国に関する次の文の①・②にあてはまる語句を答えなさい。

国民の多くは（　①　）系の民族で，キリスト教の宗派の（　②　）の信者が多い。

①[　　　　　　　] ②[　　　　　　　]

(6) 地図中のEの国の説明として正しくないものを，次のア〜エから選びなさい。

ア 古代にはローマ帝国が栄え，のちにルネサンスがおこった。

イ 地中海沿岸では，夏にオリーブやぶどう，冬に小麦を栽培する農業が行われている。

ウ 衣類，カバン，靴などの高級ブランド品が輸出されている。

エ 工業化が進んだ南部と，農業中心の北部の間で，経済格差が生じている。　　[　　　　　]

(7) 地図中のFの国は1991年まで，ウクライナやカザフスタンなど周辺の国々とともに構成された
社会主義国の1つでした。その社会主義国の国名を答えなさい。　　　[　　　　　　　]

(8) 2020年にEUから離脱した国を，地図中のA〜Fから選びなさい。　　　[　　　　　　　]

# ⑩ アフリカ州の自然と社会

## チェック

空欄をうめて，要点のまとめを完成させましょう。

### 【自然環境と民族】

① アフリカの北部には，広大な［　　　　　］砂漠が広がり，世界最長の
　［　　　　　］川が流れている。

② 南アフリカ共和国の喜望峰の周辺は，温帯の［　　　　　］気候と
　なっている。

③ アフリカの北部では［　　　　　］教が広く信仰され，中・南部
　のサハラ砂漠以南では土着の宗教や［　　　　　］教徒が多い。

### 【アフリカの歩み】

④ 19世紀末までに，エチオピアやリベリアを除くアフリカ大陸のほぼ
　全域が，ヨーロッパ諸国の［　　　　　］になった。

⑤ 第二次世界大戦後，多くの国が独立をはたし，とくに1960年には
　17か国が独立したことから，この年は［　　　　　］といわれる。

⑥ 南アフリカ共和国では1990年代初めまで，少数の白人が多数の有
　色人種を差別する［　　　　　］が行われていた。

### 【アフリカの産業】

⑦ アフリカでは，かつてヨーロッパ諸国が開いた［　　　　　］と
　よばれる大農園で，輸出用の作物が栽培されている。

⑧ 南アフリカ共和国は，金と［　　　　　］の産出量が多く，なかで
　もプラチナ，クロム，マンガンは生産量が世界一（2016年）である。

⑨ アフリカの多くの国々は特定の商品作物や鉱産資源の輸出にたよっ
　ているが，こうした経済を［　　　　　］経済という。

### 【アフリカの課題と今後】

⑩ サハラ砂漠の南縁の［　　　　　］では，耕地の拡大などが原因で砂
　漠化が進んでいるため，植林による再生がはかられている。

⑪ アフリカに共通する問題を解決するため，2002年に［　　　　　］
　（AU）が結成された。

**南アフリカ共和国の農業**
南部ではオレンジやぶどうなどが栽培され，ワインの輸出も増えている。

**奴隷貿易**
16世紀以降，アフリカにはヨーロッパ人が進出し，多くの黒人が南北アメリカに奴隷として連れて行かれた。

南アフリカ共和国では1994年，黒人初となるネルソン・マンデラ政権が誕生したよ。

**輸出用の商品作物**
東部のケニアやタンザニアではコーヒー豆，ギニア湾沿岸のコートジボワールやガーナではカカオの栽培がさかん。

チェックの解答 ①サハラ，ナイル ②地中海性 ③イスラム，キリスト ④植民地 ⑤アフリカの年
⑥アパルトヘイト（人種隔離政策）⑦プランテーション ⑧レアメタル ⑨モノカルチャー ⑩サヘル ⑪アフリカ連合

🖊️ **トライ** ⋯⋯⋯⋯⋯⋯⋯⋯⋯⋯⋯⋯⋯⋯⋯⋯⋯⋯⋯⋯⋯⋯⋯ 解答 ➡ 別冊p.6

右の地図を見て，次の問いに答えなさい。

(1) 地図中のAの砂漠とBの川，Cの湾のよび名を，それぞれ答えなさい。

A〔　　　　　　　　　　〕
B〔　　　　　　　　　　〕
C〔　　　　　　　　　　〕

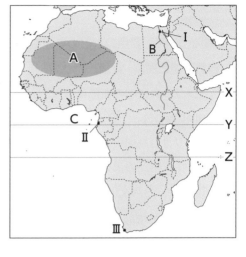

(2) 地図中のX〜Zの緯線から，赤道を選びなさい。

〔　　　　　〕

(3) 地図中のⅠ〜Ⅲの地点の気候を，次のア〜カからそれぞれ選びなさい。

ア　地中海性気候　　　イ　西岸海洋性気候
ウ　温暖湿潤気候　　　エ　砂漠気候
オ　ステップ気候　　　カ　熱帯雨林気候

Ⅰ〔　　　〕　Ⅱ〔　　　〕　Ⅲ〔　　　〕

(4) 地図中のⅢの地点が位置している国では，1990年代初めまで少数の白人が多数の有色人種を差別する政策が行われていました。その国名と政策名を答えなさい。

国名〔　　　　　　　　　〕　政策名〔　　　　　　　　　〕

(5) 右のグラフの①，②にあてはまる国の組み合わせを，次のア〜エから選びなさい。

ア　①　ガーナ　　　　　　②　ケニア
イ　①　コートジボワール　②　ガーナ
ウ　①　ケニア　　　　　　②　コートジボワール
エ　①　ガーナ　　　　　　②　コートジボワール

〔　　　　　〕

カカオの生産国（2018年）

カメルーン
その他 21.1
5.9
6.3
11.3
ナイジェリア
インドネシア
計 525万t
① 37.4%
② 18.0

(2020/21「世界国勢図会」)

🖊️ **チャレンジ** ⋯⋯⋯⋯⋯⋯⋯⋯⋯⋯⋯⋯⋯⋯⋯⋯⋯⋯⋯⋯⋯⋯ 解答 ➡ 別冊p.7

右のグラフは，アフリカの2国の輸出割合を示したものです。このグラフを見て，次の問いに答えなさい。

(1) 右のグラフのような，特定の農作物や鉱産資源の輸出にたよる経済を何といいますか。

〔　　　　　　　　　　　　　〕

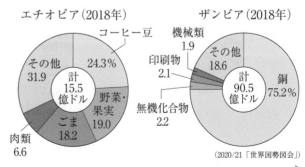

エチオピア（2018年）
コーヒー豆
その他 31.9
24.3%
計 15.5 億ドル
野菜・果実 19.0
ごま 18.2
肉類 6.6

ザンビア（2018年）
機械類 1.9
印刷物 2.1
その他 18.6
無機化合物 2.2
計 90.5 億ドル
銅 75.2%

(2020/21「世界国勢図会」)

(2) 特定の農作物の輸出にたよることで，その国の経済が不安定になるのはなぜですか。簡単に説明しなさい。

〔　　　　　　　　　　　　　　　　　　　　　　　　　　　　　　　　〕

27

# 11 北アメリカ州の自然と社会

## チェック

空欄をうめて，要点のまとめを完成させましょう。

**【自然環境と民族・言語】**

① アメリカ合衆国の西部には，けわしい〔　　　　　　　〕山脈が連なり，中央平原には〔　　　　　　〕川が流れている。

② アメリカ合衆国の人口構成は，白人が大半を占め，黒人やアジア系，少数の先住民のほか，近年は〔　　　　　　　〕とよばれる中南米諸国からの移民が増えている。

**【北アメリカの歩みと文化】**

③ アメリカ合衆国は，ジャズやロックなどの音楽，Tシャツやジーンズなどのファッション，ハンバーガーに代表される〔　　　　　　　　〕など，新しい文化を生み出している。

④ アメリカ合衆国では〔　　　　　　〕教が広く信仰されている。

**【北アメリカの農業】**

⑤ アメリカ合衆国では，〔　　　　　　　〕とよばれる巨大な穀物商社がアグリビジネスを展開している。

⑥ アメリカ合衆国では，気候や地形，土壌の性質など，環境に適した農作物が栽培されている。こうした栽培方法を〔　　　　　　〕という。

**【北アメリカの鉱工業】**

⑦ アメリカ合衆国では1970年代以降，工業の中心地が五大湖周辺から，北緯37度以南の〔　　　　　　〕とよばれる地域に移った。

⑧ サンフランシスコ近郊の〔　　　　　〕には，ICT（情報通信技術）関連の企業・研究所が集中している。

**【アメリカの課題と今後】**

⑨ 1990年代にアメリカ合衆国・メキシコ・カナダは〔　　　　　　　　　　〕を結んで，関税の自由化など経済的関係を強化してきた。

⑩ カナダは，諸民族の言語，宗教などの文化を尊重し合おうとする意識が高く，国の方針として〔　　　　〕主義を打ち出している。

---

**ネイティブ・アメリカン**

北アメリカ州の先住民で，アメリカン・インディアンやエスキモー（カナダではイヌイット）の人々のこと。

**アメリカ合衆国のスポーツ**

野球，アメリカン・フットボール，バスケットボールが3大スポーツとして人気である。

**アグリビジネス**

農作物や畜産物だけでなく，種子や農薬，肥料の開発・販売から機械の提供，加工，流通，販売まで，農業全般にかかわる産業のこと。

衰退した五大湖周辺はラストベルト（赤さび地帯）とよばれているよ。

**新NAFTAへの移行**

2020年，アメリカ合衆国・メキシコ・カナダは，USMCA（新NAFTA）という新たな貿易協定に移行した。

---

チェックの解答 ①ロッキー，ミシシッピ ②ヒスパニック ③ファストフード ④キリスト ⑤穀物メジャー ⑥適地適作 ⑦サンベルト ⑧シリコンバレー ⑨北米自由貿易協定（NAFTA）⑩多文化

解答 ➡ 別冊p.7

✏️ **トライ**

右の地図を見て，次の問いに答えなさい。

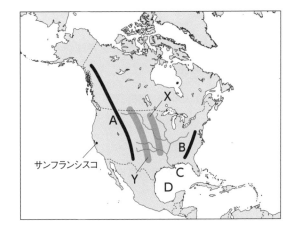

(1) 地図中のA，Bの山脈，Cの川，Dの湾の
よび名を，それぞれ答えなさい。

A〔　　　　　　　〕

B〔　　　　　　　〕

C〔　　　　　　　〕

D〔　　　　　　　〕

(2) 地図中のCの川の下流域で多く栽培され
ている，せんいの原料となる農産物は何で
すか。〔　　　　　　　〕

(3) 地図中のDの湾岸で採掘されているエネルギー資源は何ですか。〔　　　　　　　〕

(4) 地図中のX，Yの名称を，次から選んでそれぞれ書きなさい。

〔　　グレートプレーンズ　　中央平原　　プレーリー　　メキシコ高原　　〕

X〔　　　　　　　〕 Y〔　　　　　　　〕

(5) 地図中のX，Y地域で最も多く栽培されている農作物を，次のア～エから選びなさい。

ア 小麦　イ 稲　ウ オリーブ　エ ぶどう 〔　　　　　〕

(6) 地図中のサンフランシスコ近郊のICT（情報通信技術）関連がさかんな地域を何といいますか。

〔　　　　　　　〕

(7) アメリカ合衆国の先住民を何といいますか。〔　　　　　　　〕

(8) アメリカ合衆国南部に多い，スペイン語を話す移民を何といいますか。〔　　　　　　　〕

✏️ **チャレンジ**

解答 ➡ 別冊p.7

右の地図は，アメリカ合衆国の新しい工業地域を示したものです。これを見て，次の問いに答え
なさい。

右の地図の北緯37度以南の地域は，1970年代以
降，工業が発達し，サンベルトとよばれるように
なりました。この地域で工業が発達した理由とし
て，「気候」と「土地の価格」以外のことがらを，簡
単に説明しなさい。

〔　　　　　　　　　　　　　〕

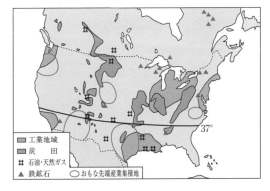

# ⑫南アメリカ州の自然と社会

## 🧶 チェック

空欄をうめて，要点のまとめを完成させましょう。

**【自然環境と歴史】**

① 南アメリカ大陸の北部には，流域面積が世界一の〔　　　　　　〕川が流れる。

② 南アメリカ大陸の西部には，〔　　　　　　〕山脈が南北に連なる。

③ アルゼンチンのラプラタ川流域には，〔　　　　　〕とよばれる大草原が広がる。

④ ヨーロッパの国々に植民地支配されていた時代に開かれた大農園を〔　　　　　　〕という。

⑤ 先住民のインディオと白人の混血の人々を〔　　　　　　〕という。

⑥ ブラジルでは〔　　　　　〕語，その他の多くの国々では〔　　　　　〕語が公用語となっている。

**【南アメリカの農業】**

⑦ ブラジルは1970年代ごろまで，国の経済をコーヒー豆の輸出に依存する〔　　　　　　〕経済の国だった。

⑧ ブラジルでは多品種の作物が栽培されているが，〔　　　　　〕やとうもろこしは，バイオ燃料の原料としての使用が増えている。

⑨ ①の川の流域に住む先住民は，伝統的な〔　　　　　〕農業によって，バナナ，いも類，とうもろこしなどを栽培してきた。

**【南アメリカの鉱工業】**

⑩ 南アメリカは鉱産資源が豊富で，ベネズエラでは〔　　　　　〕が，チリでは〔　　　　〕が，世界有数の産出量をほこる。

⑪ 南アメリカは，ハイテク機器に欠かせない〔　　　　　〕とよばれる希少金属の埋蔵量・生産量も多い。

**【環境保全，その他の課題】**

⑫ ブラジル政府は「〔　　　　　〕な開発」をめざし，熱帯林の一部を保護地域に指定するなど，開発を規制している。

---

### ポイント

**流域面積**

雨が河川に流れこむ面積のこと。本流だけでなく，支流の流域もふくまれる。

ブラジルの大農園は，ファゼンダともよばれるよ。

**バイオ燃料**

植物資源や糞尿などのバイオマスを原料とする燃料。ブラジルでは，バイオ燃料で走る自動車が普及している。

**ブラジルの鉱産資源**

ブラジルはボーキサイトと鉄鉱石の産出量が多く，露天掘りのカラジャス鉄山が有名。

---

チェックの解答 ①アマゾン ②アンデス ③パンパ ④プランテーション ⑤メスチソ（メスチーソ）⑥ポルトガル，スペイン ⑦モノカルチャー ⑧さとうきび ⑨焼畑 ⑩石油，銅鉱 ⑪レアメタル ⑫持続可能

解答 ➡ 別冊p.7

💫 **トライ**

右の地図を見て，次の問いに答えなさい。

(1) 地図中のAの川，Bの山脈，Cの平原のよび名を，それぞれ答えなさい。

A [                    ]

B [                    ]

C [                    ]

(2) 地図中のAの川の付近と，Bの山脈の地域の気候は何ですか。

A [                ]　B [                ]

(3) 地図中のブラジルとアルゼンチンの公用語は何語ですか。

ブラジル [                    ]

アルゼンチン [                    ]

(4) 地図中に▲，♯で示した鉱産資源は何ですか。

▲ [                ]　♯ [                ]

(5) 右のグラフの1970年に最も多いコーヒー豆が栽培される，植民地時代につくられた農園を何といいますか。

[                            ]

(6) 右のグラフから読み取れるブラジルの輸出の変化としてあてはまるものを，次のア〜エから選びなさい。

ア　工業製品の輸出割合が減少した。　　イ　輸出額が約10倍に増加した。

ウ　農産物を輸出しなくなった。　　エ　輸出においてコーヒーに依存(いそん)しなくなった。

[                ]

**ブラジルの輸出**

1970年 27億ドル　コーヒー豆 35.9%　鉄鉱石 7.7　綿花5.8　砂糖4.9　その他 45.7

2018年 2399億ドル　だいず 13.8%　原油 10.5　鉄鉱石 8.4　肉類 7.7　機械類 6.0　鉄鋼5.3　自動車5.1　その他 43.2

(2020/21「世界国勢図会」ほか)

─────────────

💫 **チャレンジ**

解答 ➡ 別冊p.7

右のグラフは，さとうきびの国別生産割合を示したもので，ブラジルが世界1位となっています。ブラジルでは，さとうきびは食料以外にも，バイオ燃料の原料として使用されています。バイオ燃料は二酸化炭素の排出(はいしゅつ)量が少なく，環境にやさしい燃料といわれていますが，この増産が原因でブラジルでおこっている問題について，「開発」という言葉を使って，簡単に説明しなさい。

[                                                    ]

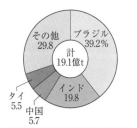

その他 29.8　ブラジル 39.2%　計 19.1億t　インド 19.8　中国 5.7　タイ 5.5

(2018年)(2020/21「世界国勢図会」)

# 13 オセアニア州の自然と社会

チャート式シリーズ参考書 »
第4章 6

## チェック

空欄をうめて，要点のまとめを完成させましょう。

**【自然環境と歴史】**

① オセアニア州の海域は，メラネシア，〔　　　　　　　〕，ミクロネシアの３つに分けられる。

② オーストラリアの北東岸には，〔　　　　　　　〕とよばれる世界最大のさんご礁が連なる。

③ オーストラリアには〔　　　　　　〕，ニュージーランドには〔　　　　　〕とよばれる先住民が住んでいる。

④ オーストラリアやニュージーランドなど，オセアニア州の多くの国々は，かつて〔　　　　　　〕の植民地だった。

⑤ オーストラリアでは1970年代まで，非ヨーロッパ系移民の入国を禁止する〔　　　　　　〕とよばれる政策がとられていた。

⑥ オーストラリアは，アジアからの移民や先住民など，さまざまな民族の文化を尊重する取り組みを進めており，〔　　　　〕共生社会をめざしている

**【オセアニアの産業】**

⑦ オーストラリアとニュージーランドでは，〔　　　　　〕と牛の放牧がさかんである。

⑧ 太平洋上の島々では，〔　　　　　　〕やヤムいも，キャッサバなど，自給自足用の根菜類の栽培が中心となっている。

⑨ オーストラリアは鉱産資源が豊富で，おもに西部で産出される〔　　　　　　〕は，露天掘りによって効率よく採掘されている。

⑩ オーストラリアの最大の貿易相手国は現在（2018年），〔　　　　　〕である。

**【水没の危機，環境破壊】**

⑪ 標高の低いツバルは，〔　　　　　　〕による海面上昇や開発による生態系の変化などが原因で，水没の危機に瀕している。

### オーストラリアの地形

国土の約３分の２を砂漠が占め，東部にはグレートディバイディング山脈が連なり，中央部には大鑽井盆地が広がる。

### オセアニア州の言語

オセアニア州の多くの国々では，英語が公用語や主要言語になっている。

オーストラリアの牛肉は，「オージービーフ」のブランド名で輸出されているよ。

### オーストラリアの鉱業

おもに東部では，石炭が産出される。また，アルミニウムの原料となるボーキサイトの産出量は世界一。金，石油，天然ガスなども産出される。

チェックの解答 ①ポリネシア ②グレートバリアリーフ ③アボリジニ，マオリ ④イギリス ⑤白豪主義 ⑥多文化 ⑦羊 ⑧タロいも ⑨鉄鉱石 ⑩中国 ⑪地球温暖化

**トライ**

右の地図を見て，次の問いに答えなさい。

(1) 地図中の①〜③の地域名を次のア〜エからそれぞれ選びなさい。

　ア　インドネシア　　イ　ポリネシア
　ウ　ミクロネシア　　エ　メラネシア

　　　①〔　　　〕　　②〔　　　〕　　③〔　　　〕

(2) 地図中のW〜Zの緯線から，赤道を選びなさい。
　　　　　　　　　　　　　　　　〔　　　　〕

(3) 地図中のA，Bの国の先住民族を何といいますか。
　　　　　　A〔　　　　　　　〕
　　　　　　B〔　　　　　　　〕

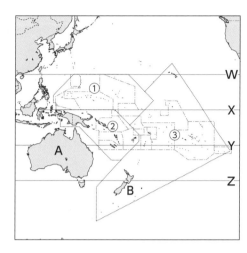

(4) 地図中のAの国で最も広い面積を占める気候帯を答えなさい。〔　　　　　　〕

(5) 地図中のA，Bの国に共通して多く飼育されている家畜を2種類，書きなさい。
　　　　　　〔　　　　〕〔　　　　〕

(6) 右のA国の鉱産資源の分布地図を見て，次の問いに答えなさい。
　① □，▲にあてはまる鉱産資源を答えなさい。
　　　□〔　　　　　　〕　▲〔　　　　　　〕
　② A国の鉱山で行われている，地面を直接けずって鉱産資源を採掘する方法を何といいますか。
　　　　〔　　　　　　〕

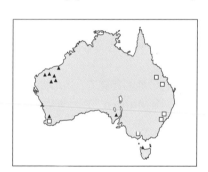

**チャレンジ**

右のグラフを見て，次の問いに答えなさい。

(1) 1965年の貿易相手国1位がイギリスである理由を簡単に説明しなさい。

(2) 近年，貿易相手国はどんな国に変化していますか。

オーストラリアの貿易相手国の変化

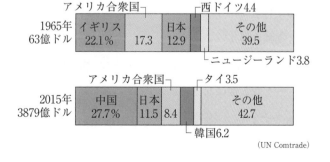

(UN Comtrade)

33

**1** 右の地図を見て，次の問いに答えなさい。

(1) 耕地の拡大や薪の採取などにより砂漠化が進んでいる，地図中のXの地域を何といいますか。

〔                    〕

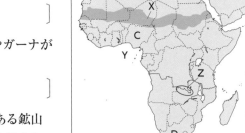

(2) 地図中のYの湾岸に位置するコートジボワールやガーナが世界有数の産地となっている農作物を答えなさい。

〔                    〕

(3) 地図中のZの地域は「カッパーベルト」とよばれ，ある鉱山資源の世界的な産地となっています。その鉱山資源を答えなさい。

〔                    〕

(4) 1991年まで，アパルトヘイトとよばれる人種隔離政策が行われていた国を，地図中のA〜Dから選びなさい。

〔                    〕

(5) アフリカの歴史に関する次の文の①・②にあてはまる語句を答えなさい。

19世紀末までに，リベリアと（　①　）を除くアフリカ大陸のほぼ全域が，ヨーロッパの植民地となった。第二次世界大戦後，多くの国が独立をはたし，とくに1960年には17か国が独立したことから，この年は（　②　）といわれる。　①〔          〕　②〔          〕

**2** 右の地図を見て，次の問いに答えなさい。

(1) 地図中のA，Bの地域の名称を，それぞれ答えなさい。

A〔          〕　B〔          〕

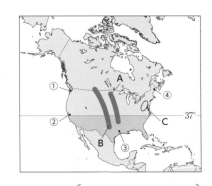

(2) (1)の地域で栽培がさかんな農作物として正しくないものを，次のア〜エから選びなさい。

ア 小麦　イ だいず　ウ とうもろこし　エ 茶

〔          〕

(3) 地図中のCの地域で産出される鉱産資源を答えなさい。

〔                    〕

(4) 1970年代以降，アメリカ合衆国の工業の中心となった，地図中の北緯37度線以南の ⬭ の地域を何といいますか。

〔                    〕

(5) ICT（情報通信技術）関連の企業・研究所が集中しているシリコンバレーの位置を，地図中の①〜④から選びなさい。

〔                    〕

(6) アメリカ合衆国の南部で近年増加している，スペイン語を話す移民のよび名を，次のア〜エから選びなさい。

ア ネイティブ・アメリカン　イ イヌイット　ウ ヒスパニック　エ インディオ〔          〕

**3** 右の地図を見て，次の問いに答えなさい。

(1) 地図中のXの山脈のよび名と，この山脈の高地で牧畜が行われている動物を2つ答えなさい。　　よび名［　　　　　］

動物［　　　　　］［　　　　　］

(2) 地図中のAの国は1970年代ごろまで，国の経済をコーヒー豆の輸出に依存する国でした。こうした特定の農産物や鉱山資源の輸出に頼る経済を何といいますか。　　　　［　　　　　　　　　　］

(3) 地図中のAの国でさかんに栽培されている，食料以外にバイオ燃料の原料として使用が増えている農作物を，次のア〜エから選びなさい。
　　ア　タロいも　　イ　じゃがいも　　ウ　さとうきび　　エ　だいず　　　　　　　　　　　　　　　　　　　　［　　　　］

(4) 地図中のBの国の公用語を，次のア〜エから選びなさい。
　　ア　英語　　イ　フランス語　　ウ　ポルトガル語　　エ　スペイン語　　　　　　　　　　　　　　　　　　　　［　　　　］

(5) 地図中のC，Dの国が世界有数の産出量をほこる鉱産資源を，次のア〜オからそれぞれ選びなさい。
　　ア　石炭　　イ　石油　　ウ　鉄鉱石　　エ　銅鉱　　オ　ボーキサイト
　　　　　　　　　　　　　　　　　　C［　　　　］　D［　　　　］

(6) 地図中のDの国の中部でさかんな農業として正しいものを，次のア〜エから選びなさい。
　　ア　焼畑農業　　イ　混合農業　　ウ　地中海式農業　　エ　酪農　　　　　　　　　　　　　　　　　　　　［　　　　］

(7) 南アメリカに住む人々のうち，先住民と白人の混血である人々を何といいますか。
　　　　　　　　　　　　　　　　　　　　　　　　［　　　　　　　　］

**4** 右の地図を見て，次の問いに答えなさい。

(1) 地図中のX〜Zのうち，パプアニューギニアやフィジー諸島がふくまれる地域を選び，そのよび名を答えなさい。

記号［　　　］　よび名［　　　　　　　　］

(2) 地図中のA，Bの国を植民地としていた国を，次のア〜エから選びなさい。
　　ア　イギリス　　イ　フランス　　ウ　スペイン　　エ　オランダ
　　　　　　　　　　　　　　　　　　　　［　　　　］

(3) 地図中のAの国で1970年代まで行われていた，非ヨーロッパ系移民の入国を禁止する政策を何といいますか。　　　　　　　　　［　　　　　　　　　］

(4) 地図中のA，Bの国で，ともにさかんに飼育されている家畜として正しいものを，次のア〜オから2つ選びなさい。
　　ア　羊　　イ　豚　　ウ　牛　　エ　馬　　オ　やぎ　　　　　［　　　　］［　　　　］

(5) 地図中のA，Bの国の先住民族を，それぞれ答えなさい。

A［　　　　　　　］　B［　　　　　　　］

# ⑭地域調査の手法

### チェック

空欄をうめて，要点のまとめを完成させましょう。

**ポイント**

**【地域調査の準備】**

① 身近な地域を調査するとき，まず〔　　　　　　〕を決めなければ
ならず，これは自然や人口，産業，交通，観光などの視点で決める
とよい。

**【地形図の読み取り】**

② 地形図は，国土交通省の機関である〔　　　　　　〕が発行してい
る。

③ 2万5千分の1地形図は，〔　　　　〕が2万5千分の1となってい
る地形図のことである。

④ 2万5千分の1地形図では，1 cmで描かれているものの実際の距
離は〔　　　　〕mである。

⑤ 地形図の等高線の基本となる線を〔　　　　〕といい，2万5千分の
1地形図では〔　　　　〕mごとに描かれている。

⑥ 地図記号のうち，文は〔　　　　　　〕を，✿は〔　　　　　　〕を示して
いる。

⑦ 川が山地から平地に出るところに土砂が積もってできる地形を
〔　　　　　　〕といい，また，河口付近に土砂が積もってできる三角形
の平坦な土地を〔　　　　〕という。

**【さまざまな調査】**

⑧ 調査方法には，〔　　　　　　〕や聞き取り調査，文献調査などが
ある。

⑨ 文献調査などで資料を引用するときは，著作権に注意し，書籍名や
URLなどの〔　　　　　〕を明記しなければならない。

**【調査のまとめと発表】**

⑩ 文章を中心にまとめた〔　　　　　　〕では，調査の「目的→方法→
結果→まとめと感想」の順に書く。

### 地図が表す大きさ

2万5千分の1地形図は，5万
分の1地形図よりも，実際のよ
うすが大きく表される。

### 等高線

高さが同じところを結んだ線
を等高線といい，等高線の幅か
ら，傾斜がゆるやかなのか急な
のかが読み取れる。

警察署と交
番，田と荒地
などの地図
記号は，似て
いるから注意
しよう。

### 聞き取り調査の注意点

調査の相手には，訪問の目的や
日時，撮影・録画などについて
許可を得る。実際のインタ
ビューでは，質問は1つずつ，
わかりやすく伝える。

（チェックの解答）①調査テーマ ②国土地理院 ③縮尺 ④250 ⑤主曲線，10 ⑥小・中学校，工場 ⑦扇状地，三角州
⑧野外調査（フィールドワーク）⑨出典 ⑩レポート

**1** 右の地形図は茨城県常陸太田市（いばらき ひたちおおた）の中心部の地形図です。これを見て，次の問いに答えなさい。

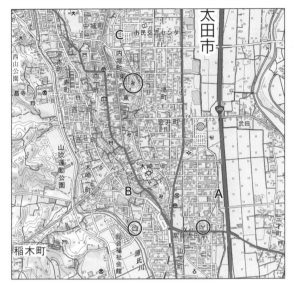

(1) 右の地形図中のA〜Cの地図記号は何を表すものですか。

A [　　　　　]
B [　　　　　]
C [　　　　　]

(2) 右の地形図について説明した文として正しいものを，次のア〜エから選びなさい。

ア 市役所は市街地の中心にある。
イ 田は，常陸太田駅よりも東側だけに分布している。
ウ 稲木町（いなぎちょう）では，標高の高いところでも住宅地の開発が進んでいる。
エ 山吹運動公園（やまぶき）の西側には，おもに広葉樹林が見られる。

[　　　　　]

**2** 次の文が正しければ〇，誤っていれば×を書きなさい。

(1) 地域調査を行う場合，まず最初に調査計画を立てて，その上で調査テーマや仮説を設定する。 [　　　]

(2) 2万5千分の1地形図上で2cmの長さは，実際の距離では1kmとなる。 [　　　]

(3) 地形図上で等高線の幅がせまくなっている場所は，傾斜が急である。 [　　　]

(4) 野外調査にあたって，歩くコースを書き入れた地図をハザードマップという。 [　　　]

加藤さんは，社会の授業で発表するために，右のように地形図をコピーして発表用のプリントにのせることにしました。右の地形図を見て，次の問いに答えなさい。

(1) プリントの余白が少なかったために，右の地形図はもとの正しい縮尺の地形図より小さくなっています。右の地形図の正しい縮尺を答えなさい。 [　　　　　]

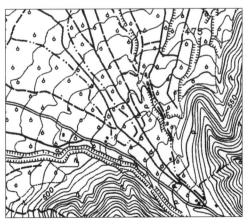

(2) (1)の縮尺は，何を根拠（こんきょ）に判断できますか。簡単に説明しなさい。

[　　　　　]

# 15 日本の地形

## チェック

空欄をうめて，要点のまとめを完成させましょう。

【世界と比べた日本の地形】

① ヒマラヤ山脈，パミール高原，アルプス山脈をふくむ造山帯を
〔　　　　　　　　〕造山帯という。

② ロッキー山脈，アンデス山脈，日本列島をふくむ造山帯を
〔　　　　　〕造山帯という。

③ 日本の国土の約4分の〔　　　〕は山地・丘陵である。

④ 日本は，本州中央の〔　　　　　　〕を境に，地形・地質上から東
日本と西日本に分けられる。

⑤ 飛驒山脈，木曽山脈，〔　　　　〕山脈の3つは，まとめて日本アル
プスとよばれる。

⑥ 日本最大の平野は，〔　　　〕平野である。

⑦ 一段と高いところに広がっている平地を〔　　　〕といい，内陸部
にあって周りを山に囲まれている平地を〔　　　〕という。

⑧ 日本では季節による河川の流量の差が大きく，日本海側では3～5
月，〔　　　　〕によって水量が増える。

⑨ 平野沿いに見られる，長い砂浜が続く海岸を〔　　　　　〕とい
う。

⑩ 三陸海岸などの〔　　　　　〕は山地が海に沈んでできたもので，
小さな岬と深い湾が連続した地形になっている。

⑪ 日本列島の東には太平洋，西には日本海，南西諸島の西には東シナ
海，北海道の北東には〔　　　　　〕が広がっている。

⑫ 傾斜のゆるやかな深さ約200mまでの海底は〔　　　〕とよばれ，
日本列島の周囲や東シナ海に広がっている。

⑬ 太平洋側に流れる暖流を〔　　　　　〕といい，日本海側に流
れる暖流を〔　　　　〕という。

⑭ 太平洋側に流れる寒流を〔　　　〕といい，日本海側に流れる寒流
をリマン海流という。

### 造山帯
造山帯は新期造山帯と古期造山帯に分けられる。

### 日本の国土
日本の国土のうち，台地と低地が占める割合は，それぞれ1割強となっている。

### 日本アルプス
飛驒山脈は北アルプス，木曽山脈は中央アルプス，赤石山脈は南アルプスともいう。

### 太平洋側の河川の流
太平洋側では梅雨や台風の時期に，川の水量が増える。

三陸海岸と同じような海岸として，志摩半島や若狭湾があるね。

### 暖流と寒流
おおよそ，暖流は低緯度から高緯度に，寒流は高緯度から低緯度に向かって流れる。また，暖流と寒流がぶつかる潮目（潮境）にはプランクトンが集まる。

チェックの解答　①アルプス・ヒマラヤ　②環太平洋　③3　④フォッサマグナ（大地溝帯）　⑤赤石　⑥関東　⑦台地，盆地
⑧雪どけ水　⑨砂浜海岸　⑩リアス海岸　⑪オホーツク海　⑫大陸棚　⑬黒潮（日本海流），対馬海流　⑭親潮（千島海流）

 解答 ➡ 別冊p.9

**1** 右の地図を見て，次の問いに答えなさい。

(1) 地図中の①・②の平野，③・⑤の川，④・
⑥の山地のよび名を，それぞれ答えなさい。

① [          ]

② [          ]

③ [          ]

④ [          ]

⑤ [          ]

⑥ [          ]

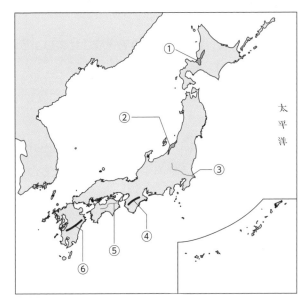

(2) 地図中の太平洋岸には，暖流と寒流が
流れています。そのうちの，暖流の名前
を書きなさい。 [          ]

(3) 日本列島全体は，何という造山帯にふ
くまれていますか。 [          ]

(4) (3)にふくまれる山脈を，次のア～エから選びなさい。

ア ヒマラヤ山脈　　イ アルプス山脈　　ウ アパラチア山脈　　エ ロッキー山脈

[          ]

**2** 次の文が正しければ〇，誤っていれば×を書きなさい。

(1) 内陸部にあり，まわりを山に囲まれている平地を盆地という。 [          ]

(2) 扇状地は，川が海や湖に流れ出る河口付近に形成される。 [          ]

(3) 風で運ばれた砂が積もってできる砂丘は，岩石海岸で形成される。 [          ]

チャレンジ 解答 ➡ 別冊p.9

右の資料を見て，次の問いに答えなさい。

(1) 右の資料は，日本と世界の川を比較し
たものです。図中のXは，日本で最も長
い川です。この川の名前は何ですか。

[          ]

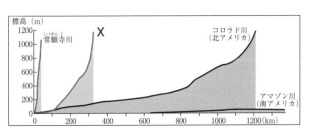

(2) 右の資料からわかる，外国の川と比較
した日本の川の特色を，簡単に説明しな
さい。

[          ]

# ⑯日本の気候と自然災害

## チェック

空欄をうめて，要点のまとめを完成させましょう。

【日本の気候】

① 〔　　　　〕は，夏は太平洋上から湿った暖かい南東の風として吹くことで，〔　　　　〕側に雨を降らせる。

② 熱帯低気圧の〔　　　　〕は夏から秋にかけて発生し，西日本や太平洋側を中心に，暴風雨による風水害をもたらすことがしばしばある。

③ 北海道の気候の特徴としては，全体的に冷涼で，〔　　　　〕の時期がなく，1年を通して降水量が少ない。

④ 〔　　　　〕の気候の大きな特徴は，夏と冬，昼と夜の気温の差が大きいことである。

⑤ 夏に大都市の中心部で気温が異常に高くなる〔　　　　〕現象は，気温分布図上で高熱の地域が島のような形に見えることからこうよばれている。

⑥ 北海道の気候は冷帯（亜寒帯）で，南西諸島の気候は〔　　　　〕にふくまれる。

北海道は，台風の影響も比較的小さかったり，夏も乾燥したりしているよ。

**異常な高気温の原因**

大都市の中心部で気温が異常に高くなるのは，コンクリートの建物やアスファルトの道路などによって，事業活動やエアコンからの放射熱が閉じこめられるからである。

【自然災害への取り組み】

⑦ 沈みこんだプレートが元にもどろうと動くことで，地震とともに〔　　　　〕を発生させることがしばしばある。

⑧ プレートの内部で発生する〔　　　　〕型地震は直下型地震ともよばれ，兵庫県南部地震（阪神・淡路大震災）はその代表的な地震である。

⑨ 水不足による〔　　　　〕は，空梅雨のときは被害が大きくなりやすい。

⑩ 〔　　　　〕とは，夏に気温が上がらないことでおこる，農作物の生育が悪くなったりする気象災害である。

⑪ 都道府県や市区町村は，地震や洪水などで大きな被害が予測される地域や避難ルート，避難所などを記した〔　　　　〕を作成している。

**海洋型地震**

プレートの内部ではなく，プレートどうしが接する海底で発生する地震を海洋型地震といい，2011年の東北地方太平洋沖地震（東日本大震災）はこれにあたる。

**ボランティア**

災害に対しては，公的機関やその地域の住民だけではなく，各地から駆けつけるボランティアも大きな役割をはたしている。

チェックの解答 ①季節風（モンスーン），太平洋 ②台風 ③梅雨 ④中央高地 ⑤ヒートアイランド ⑥亜熱帯 ⑦津波 ⑧内陸 ⑨干害 ⑩冷害 ⑪ハザードマップ（防災マップ）

💠 トライ ⋯⋯⋯⋯⋯⋯⋯⋯⋯ 解答 ➡ 別冊p.9

**1** 右の①〜⑥のグラフが示す気候にあたる都市名を，次のア〜カからそれぞれ選びなさい。

ア　高松市　　イ　那覇市
ウ　札幌市　　エ　高知市
オ　松本市(長野県)
カ　上越市(新潟県)

① [　　]
② [　　]
③ [　　]
④ [　　]
⑤ [　　]
⑥ [　　]

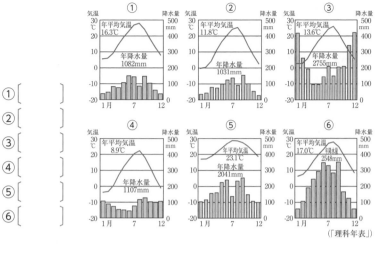

(「理科年表」)

**2** 次の文が正しければ〇，誤っていれば×を書きなさい。

(1) 日本は亜熱帯の南西諸島を除いて，九州から北海道まで温帯の気候に属している。

[　　]

(2) 大都市の中心部では，夏の気温が異常に高くなるヒートアイランド現象が生じることがある。

[　　]

(3) 2011年の東北地方太平洋沖地震は，地震の種類としては内陸型地震に分類される。

[　　]

(4) 夏の気温が上がらなかった年には，農作物の生育が悪くなる冷害がおこる。 [　　]

💠 チャレンジ ⋯⋯⋯⋯⋯⋯⋯⋯ 解答 ➡ 別冊p.10

右の図を見て，次の問いに答えなさい。

(1) 図中のXは，南東の季節風を示しています。この風が吹く季節は，春夏秋冬のいつですか。

[　　　　]

(2) 図中の高松や岡山は，年間を通して降水量が少ないですが，その理由を，「北西の季節風」，「南東の季節風」という言葉を使って，簡単に説明しなさい。

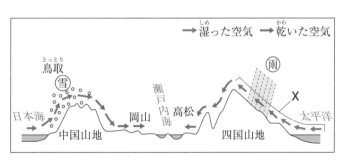

[

]

# 17 日本の人口

## 💬 チェック

空欄(くうらん)をうめて，要点のまとめを完成させましょう。

**【世界と比べた日本の人口】**

① アジアやアフリカ，ラテンアメリカの〔　　　　　　　〕国で，20世紀後半に〔　　　　　　　〕とよばれる急激な人口の増加がおこったが，今世紀に入って人口の伸(の)びはおさまりつつある。

② 日本は人口が多く，〔　　　　　　　〕が世界平均の59人／km²の5倍以上である。

**【日本の人口構成と分布】**

③ 1947〜49年，出生数が急増した現象を〔　　　　　　　〕という。

④ 1980年代から出生率が低下して〔　　　　〕が進むとともに，高齢者(れい)が増加して〔　　　　〕も進んだ。

⑤ 日本の〔　　　　　　　〕は，「富士山型(ふじさん)→つりがね型→つぼ型」と変化してきた。

⑥ 東京(とうきょう)・大阪(おおさか)・名古屋(なごや)を中心とする〔　　　　　　　〕圏(けん)は，人口が極度に集中している〔　　　　〕地域である。

⑦ 渋滞(じゅうたい)や通勤ラッシュを緩和(かんわ)するために，時差出勤ができる〔　　　　　　　〕制を導入している企業(きぎょう)もある。

⑧ 65歳(さい)以上の老年人口が50％以上を占め，過疎がいちじるしく進行して地域社会を維持(いじ)できなくなった集落を〔　　　　　　　〕という。

⑨ 高度経済成長期，地価高騰(こうとう)や住宅不足などを原因として，都心から郊外(こうがい)のニュータウンなどに移住する〔　　　　　　　〕現象がおこった。

⑩ 1990年代，東京では都心や湾岸(わんがん)地区で〔　　　　　〕が進められたことで，都心回帰(かいき)の現象がおこった。

⑪ 日本全体の人口が減少する一方で，東京の人口は増加しつづけており，東京〔　　　　　〕集中が進んでいる。

⑫ 住民への公共サービスを効率よく提供するために，県の中核(ちゅうかく)となる都市に都市機能を集中させる〔　　　　　　　〕という構想が出てきている。

### ポイント

**世界の人口の推移**

世界の人口は，1960年ごろは約30億人，2000年ごろは約60億人だった。毎年約8000万人ずつ増えており，2050〜60年ごろには100億人をこえると予測されている。

日本の人口は1億人以上で，2019年時点では世界11位の多さだよ。

**超高齢社会**

65歳以上の老年人口が21％をこえた社会は超高齢社会といわれるが，日本の老年人口は28.4％（2019年）となっている。

**都市問題**

人口が極度に集中している地域では，大気汚染(せん)や交通渋滞，通勤ラッシュ，住宅不足，ごみ処理問題などが深刻になっている。

**Uターン・Iターン**

東京に人口が集中する一方で，Uターン（都会に出た地方出身者が地元にもどること）や，Iターン（都会の出身者が地方に移住すること）の現象も見られる。

チェックの解答 ①発展途上，人口爆発　②人口密度　③ベビーブーム　④少子化，高齢化　⑤人口ピラミッド
⑥三大都市，過密　⑦フレックスタイム　⑧限界集落　⑨ドーナツ化　⑩再開発　⑪一極　⑫コンパクトシティ

**1** 右の世界の地域別人口増加を示したグラフを見て，次の問いに答えなさい。

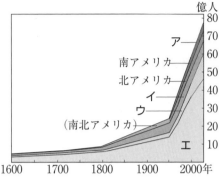

(1) グラフ中のア〜エから，アフリカ州とアジア州にあたるものを選びなさい。

アフリカ州 [      ]

アジア州 [      ]

(2) グラフから読み取れる人口の動きの説明として適切なものを，次のア〜エから選びなさい。

ア すべての州で，ゆるやかに人口が増加している。

イ 発展途上国の多い州を中心に，人口が急増している。

ウ 先進国の多い州を中心に，人口が急増している。

エ すべての州で，人口の増加が見られない。

[      ]

**2** 右の資料を見て，次の問いに答えなさい。

(1) 資料中のA〜Cにあてはまる年齢層を次のア〜ウからそれぞれ選びなさい。

ア 0〜14歳　イ 15〜64歳　ウ 65歳以上

A [      ] B [      ] C [      ]

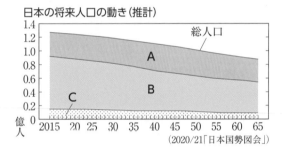

(2) 資料から，日本の社会は [      ] 社会だということができます。この [      ] にあてはまる語句を，漢字4字で書きなさい。

[      ]

(3) 過疎地域のようすとしてあてはまらないものを，次のア〜エから選びなさい。

ア 学校が廃校となる。　　イ 病院が閉鎖される。

ウ 交通渋滞がおこる。　　エ 祭など地域活動ができない。

[      ]

右の人口ピラミッドは，日本の1935年，1960年，2015年のいずれかのものです。この資料を見て，次の問いに答えなさい。

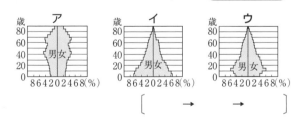

(1) 年代の古いものから順に並べ，記号で書きなさい。

[      → 　　 → 　　 ]

(2) (1)の資料の順からわかる，近年の日本の人口構成上の特色と，その特色が産業などにあたえる影響を，簡単に書きなさい。

[

]

# 18 世界と日本の資源・エネルギー

## ✍ チェック

空欄をうめて，要点のまとめを完成させましょう。

### 【世界と日本の鉱産資源】

① 鉱産資源である〔　　　　〕は西アジアのペルシャ湾沿岸や北アフリカ，カリブ海の沿岸地域などにかたよって分布している。

② 鉱産資源である〔　　　　〕は世界に広く分布しているが，とくにオーストラリアや中国，ブラジルに多く，このうちオーストラリアは日本にとっての最大の輸入相手国になっている。

③ 日本はセメントの原料になる〔　　　　〕を除いて，ほとんどの鉱産資源を輸入に依存している。

④ レアメタルであるマンガンやクロムは，〔　　　　〕が日本にとっての最大の輸入相手国になっている。

> #### 資源大国
> ロシア連邦やアメリカ合衆国，中国は，さまざまな種類の鉱産資源の埋蔵量・産出量が多い資源大国である。
>
> #### 日本のエネルギー自給
> 日本はエネルギー自給率もきわめて低く，石油の輸入先はサウジアラビアやアラブ首長国連邦（UAE）といったペルシャ湾岸諸国が大半を占めている。

### 【日本のエネルギー・電力】

⑤ 火力発電は化石燃料を利用して電気をおこすため，地球〔　　　　〕の原因といわれる二酸化炭素のほか，大気〔　　　　〕の原因となる硫黄酸化物や窒素酸化物を排出する。

⑥ 〔　　　　〕発電は，〔　　　　〕やプルトニウムを燃料として利用するため，発電の過程で二酸化炭素を出すことはないが，有害で処理がむずかしい核廃棄物が発生し，事故をおこすと自然環境や人体に大きな被害をもたらす。

⑦ 日本では，1950年代まで〔　　　　〕発電が中心だったが，工業成長にともなって〔　　　　〕発電に移行した。その後，原子力発電も増えたが，2011年におきた東京電力の〔　　　　〕原子力発電所の事故の影響で原子力発電の割合は大きく減った。

⑧ 太陽光や風力，地熱，バイオマスなどの，くり返し利用できるエネルギーを〔　　　　〕可能エネルギーという。

⑨ 近年，使用済みのパソコンや携帯電話から〔　　　　〕を回収し，〔　　　　〕する取り組みが広がっている。

> #### 火力発電の利点
> 火力発電は自然環境への悪影響はあるが，安定して発電ができ，施設の建設・維持費も大きくないという利点がある。

> 火力発電所は燃料の輸入がしやすい，工業地域の沿岸部に立地しているよ。

> #### 日本での原子力発電の割合
> 原子力発電の割合は，日本では1970年代から増えていき，2010年には24.9％を占めるまでになった。しかし2011年以降は多くの原子力発電所が停止し，2018年の時点では6.2％となっている。

チェックの解答 ①石油 ②鉄鉱石 ③石灰石 ④南アフリカ共和国 ⑤温暖化，汚染 ⑥原子力，ウラン ⑦水力，火力，福島第一 ⑧再生 ⑨レアメタル，リサイクル（再利用）

解答 ➡ 別冊p.10

 トライ

右の日本のおもな鉱山資源の輸入先を示したグラフを見て，次の問いに答えなさい。

(1) グラフA～Cにあてはまる鉱産
資源名を書きなさい。

A〔　　　　　　〕

B〔　　　　　　〕

C〔　　　　　　〕

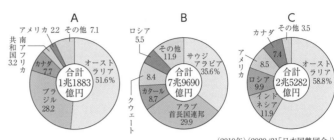

(2019年)(2020/21「日本国勢図会」)

(2) グラフAの資源を必要とする工
業を次のア～エから選びなさい。

ア　自動車工業　　イ　化学工業　　ウ　窯業　　エ　製紙業

〔　　　　〕

(3) グラフBの資源の産出量上位国の組み合わせを，次のア～エから選びなさい。

ア　オーストラリア，中国，ブラジル

イ　中国，インド，インドネシア

ウ　アメリカ合衆国，ロシア，サウジアラビア

エ　チリ，中国，ペルー

〔　　　　〕

(4) グラフCの資源の説明として正しくないものを次のア～エから選びなさい。

ア　世界に広く分布していて埋蔵量も多い。

イ　日本では1960年代まで大量に産出されていた。

ウ　化石燃料の1つで，火力発電のおもな燃料となっている。

エ　燃焼時に大気汚染の原因となる二酸化炭素を排出する。

〔　　　　〕

解答 ➡ 別冊p.10

チャレンジ

右の地図を見て，次の問いに答えなさい。

(1) 地図中の水力発電所の立地について。

① 立地の特徴を簡単に説明しなさい。

〔　　　　　　　　　　　　　　〕

② ①の理由を簡単に説明しなさい。

〔　　　　　　　　　　　　　　〕

(2) 地図中の火力発電の立地について。

① 立地の特徴を簡単に説明しなさい。

〔　　　　　　　　　　　　　　〕

② ①の理由を，「電力需要」という言葉を使っ
て，簡単に説明しなさい。

〔　　　　　　　　　　　　　　〕

○ 水力発電所
▲ 火力発電所

# ⑲ 日本の農林水産業

チャート式シリーズ参考書 >>
第6章 ⑤

## チェック

空欄をうめて，要点のまとめを完成させましょう。

【日本の農業】

① 日本では，農家一戸当たりの耕地面積はせまいが，単位面積当たりの収穫量は多い〔　　　　　　〕的農業が行われている。

② 米は，北海道と〔　　　　　　〕県の生産量がとくに多い。

③ 新鮮さが求められる野菜や花の栽培，鶏卵の生産を，大都市の周辺部で行う農業を〔　　　　　　〕という。

④ 高知平野や宮崎平野などで行われている，温室やビニールハウスを使い，ピーマンやなすなどの夏野菜を他の地域より早く出荷できるように栽培することを〔　　　　　　〕という。

⑤ 中央高地や浅間山の山ろくなどで行われている，はくさいやキャベツなどの高原野菜を他の地域より遅く出荷できるように栽培することを〔　　　　　　〕という。

【日本の林業】

⑥ 2017年現在，日本の国土の約3分の〔　　　　　　〕が森林で，そのうち約3分の2が〔　　　　　　〕，残りが天然林となっている。

⑦ 東北地方の青森ひばや秋田すぎ，中央高地の木曽〔　　　　　　〕，紀伊山地の吉野〔　　　　　　〕，尾鷲ひのきなどは，美林で知られる。

【日本の水産業】

⑧ 日本の近海は，暖流と寒流がぶつかる〔　　　　　　〕にあたる。

⑨ 人工の生けすなどで稚魚や稚貝から育てたものをとる〔　　　　　　〕に対して，人工的に孵化させた稚魚を一定期間育て，それを海や川に放流し，成長してからとる漁業を〔　　　　　　〕という。

【食料生産をめぐる問題】

⑩ 近年の日本の食料自給率（カロリーベース）は，約〔　　　　　　〕割という低い水準で推移している。

---

### 日本の農業の特色

農業だけを営む専業農家（主業農家）は少なく，農業以外の収入がある兼業農家（副業的農家・準主業農家）が多い。

他の地域と出荷の時期をずらすことで，高い価格で売ることできるんだよ。

### 天然林

天然林は自然林ともいうが，伐採などが行われたことのない森林をとくに原生林という。

### 世界有数の漁場

日本の近海は海流だけでなく，大陸棚も広がっていることから，世界有数の漁場となっている。

### 食料自給率の低下

1980年代半ばに農産物の輸入自由化の影響で安価な農産物の輸入が増え，水産物の輸入の増加もあり，食料自給率が低下した。

---

チェックの解答 ①集約 ②新潟 ③近郊農業 ④促成栽培 ⑤抑制栽培 ⑥2，人工林 ⑦ひのき，すぎ ⑧潮目（潮境）
⑨養殖業，栽培漁業 ⑩4

💬 **トライ**

**1** 右の地図を見て，次の問いに答えなさい。

(1) 右の地図中のA〜Dにあてはまる農産物を，次から選んで書きなさい。

$\begin{pmatrix} 牛乳 & 米 & 茶 & ぶどう \\ みかん & もも & りんご & \end{pmatrix}$

A〔　　　　　〕　B〔　　　　　〕

C〔　　　　　〕　D〔　　　　　〕

生産量上位2位の道県
■ A　■ B
□ C　□ D
(A・Cは2019年，他は2018年)

(2) 次の①，②の説明にあてはまる県を，右の地図中のE〜Iから選びなさい。

① 米の生産がさかんで，おうとう(さくらんぼ)の生産が全国1位(2018年)である。〔　　　　〕

② 内陸県で，キャベツの生産が全国1位(2018年)である。　〔　　　　〕

**2** 次の文が正しければ○，誤っていれば×を書きなさい。

(1) 日本の農家は規模が小さく，農業以外の収入がある兼業農家の割合が多い。〔　　　〕

(2) 日本人の米の消費量が増えたため，減反政策が廃止された。〔　　　〕

(3) 日本では木材の自給率の減少傾向が続いており，輸出もほぼ行われていない。〔　　　〕

(4) 日本では1970年代，遠洋漁業の漁獲量が大きく減少した。〔　　　〕

(5) 日本の漁業は，養殖業や栽培漁業などの「とる漁業」への転換をはかっている。〔　　　〕

💬 **チャレンジ**

右の資料を見て，次の問いに答えなさい。

(1) 右の資料から，九州地方の農業を東北地方と比べた場合，どんな特色が読み取れますか。簡単に書きなさい。

〔　　　　　　　　　　　　　　　〕

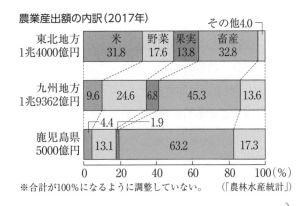

農業産出額の内訳(2017年)

その他4.0

| | 米 | 野菜 | 果実 | 畜産 | |
|---|---|---|---|---|---|
| 東北地方 1兆4000億円 | 31.8 | 17.6 | 13.8 | 32.8 | |
| 九州地方 1兆9362億円 | 9.6 | 24.6 | 6.8 | 45.3 | 13.6 |
| 鹿児島県 5000億円 | 13.1 | 63.2 | | | 17.3 |

4.4　1.9

0　20　40　60　80　100(%)

※合計が100%になるように調整していない。
(「農林水産統計」)

(2) 右の資料から，鹿児島県の農業を九州地方全体と比べた場合，どんな特色が読み取れますか。簡単に書きなさい。

# ⑳ 日本の工業，商業・サービス業

チャート式シリーズ参考書 ≫ 第6章 ⑥

 チェック

空欄をうめて，要点のまとめを完成させましょう。

【日本の工業】

① 明治時代から第二次世界大戦にかけて，京浜・中京・阪神・北九州
の〔　　　　　　　〕が形成された。

② 戦後から高度経済成長期には，燃料や原材料を輸入し，それらで工
業製品を製造して海外に輸出する〔　　　　　　　〕で発展した。

③ 1980～90年代には，自動車などの輸出が増えすぎ，欧米諸国，とく
にアメリカ合衆国との間で〔　　　　　　　〕がおこった。

④ 多くの工場が海外に移転することでおこる国内産業の衰退を，
〔　　　　　　　〕という。

⑤ 現在の日本では，インターネットの普及などにともない，
〔　　　　　　　〕（ICT）産業が発展している。

⑥ 中京工業地帯は，豊田市を中心として生産される〔　　　　　　〕を
中心に，輸送機械の割合が多いのが特徴である。

⑦ 京葉・東海・瀬戸内の各工業地域は，関東地方から九州地方に
かけて帯状に連なる〔　　　　　　　〕の臨海部に発達した。

⑧ 九州地方や東北地方の高速道路・空港周辺には，IC（集積回路）
などを製造する電子部品工場が多く進出していることから，九州
地方はシリコン〔　　　　　　〕，東北地方の高速道路沿いはシリ
コン〔　　　　〕ともよばれている。

【日本の商業・サービス業】

⑨ 農林水産業は〔　　　　〕産業，鉱工業や建設業は〔　　　　〕産
業，商業やサービス業は〔　　　　〕産業に分類される。

⑩ 商業は，消費者に商品を販売する小売業と，生産者から商品を仕入
れて小売業者に売りわたす〔　　　　　　〕とに分けられる。

⑪ 自動車による買い物が一般的になったことで，郊外の幹線道路沿い
には，広い駐車場を備えた大型〔　　　　　　　〕が進出するよ
うになった。

### ポイント

**三大工業地帯**

出荷額が少なく地位が低下して
いる北九州工業地帯（地域）
を除いて，三大工業地帯といわ
れることが多い。

**海外移転の影響**

多くの工場が海外に移転する
ことで，国内の失業者が増えた
り，地域経済も疲弊したりする。

**中京工業地帯**

中京工業地帯は，製造品出荷額
が日本最大の工業地帯である。

**産業の分類**

第1次産業は自然にあるもの
を直接利用し，第2次産業は地
下資源の採掘や工業製品・建物
などをつくる。第3次産業は，
生産に直接かかわらない。

サービス業
は，生産だけ
でなく，商業
ともちがって
形のある製品
の販売にも直
接かかわらな
い産業だよ。

**トライ**

**1** 右の資料を見て，次の問いに答えなさい。

(1) 資料中のA～Dにあてはまる工業地帯（地域）を，次のア～エからそれぞれ選びなさい。

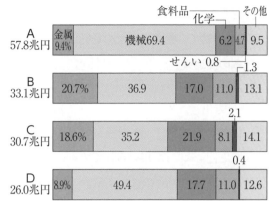

| | 食料品 | 化学 | | その他 |
|---|---|---|---|---|
| A<br>57.8兆円 | 金属<br>9.4% | 機械69.4 | 6.2 | 4.7 | 9.5 |

せんい 0.8 ─┐ 1.3

| B<br>33.1兆円 | 20.7% | 36.9 | 17.0 | 11.0 | 13.1 |
|---|---|---|---|---|---|

2.1

| C<br>30.7兆円 | 18.6% | 35.2 | 21.9 | 8.1 | 14.1 |
|---|---|---|---|---|---|

0.4

| D<br>26.0兆円 | 8.9% | 49.4 | 17.7 | 11.0 | 12.6 |
|---|---|---|---|---|---|

(2017年)(2020/21「日本国勢図会」)

　ア　京浜工業地帯　　　イ　中京工業地帯

　ウ　阪神工業地帯　　　エ　瀬戸内工業地域

A〔　　　〕　B〔　　　〕

C〔　　　〕　D〔　　　〕

(2) 資料中のAの機械工業で製造される工業製品の中で，最も出荷額の多い製品を，次のア～エから選びなさい。

　ア　精密機械　　　イ　電子部品　　　ウ　自動車　　　エ　コンピューター　　　　〔　　　〕

(3) この資料の読み取りとして正しいものを，次のア～エから選びなさい。

　ア　金属工業の出荷額は，Bが最も多い。

　イ　機械工業の出荷額は，Dが最も少ない。

　ウ　化学工業の出荷額は，Cが最も少ない。

　エ　食料品工業の出荷額は，Aが最も多い。　　　　〔　　　〕

**2** 次の文が正しければ〇，誤っていれば×を書きなさい。

(1) 地下資源の採掘などを行う鉱業は，第1次産業にふくまれる。　　〔　　　〕

(2) 日本の産業別人口のうち，最も割合が大きいのは第3次産業である。　　〔　　　〕

(3) 生産者から商品を仕入れて，商店などに売りわたす業者を小売業という。　　〔　　　〕

(4) 近年，インターネットを通じた通信販売など電子商取引が急増している。　　〔　　　〕

**チャレンジ**

　右の資料は，群馬県にある工業団地への工場誘致のパンフレットの一部です。これを見て，次の問いに答えなさい。

(1) 資料の工場誘致に最も適していない工場を，次のア～エから選びなさい。

　ア　製鉄所　　　　　イ　食料品工場

　ウ　自動車工場　　　エ　精密機械工場

〔　　　〕

(2) (1)の工場を選んだ理由を，簡単に説明しなさい。

〔

〕

┌─────────────────────────┐
│　〇〇工業団地　ご案内
│
│・東京23区内まで100 km
│　インターチェンジに近接
│・隣接の工業団地に短時間で移動可能
│・小規模，中規模工場向けの用地あり
│・〇〇駅利用の通勤も可能
└─────────────────────────┘

# 21 日本の交通・通信

## チェック

空欄をうめて，要点のまとめを完成させましょう。

ポイント

### 【日本の交通網】

① 近年，日本では海外からの入国者が増えたことで，訪日外国人により生み出される[ 　　　　　 ]消費が増加している。

② 海外との貿易で，小型軽量で高額な電子部品などを輸送する際には，[ 　　　 ]が用いられている。

③ 日本の輸出の約6割を占めているのは，[ 　　　 ]やその部品もふくめた機械類である。

④ 日本の輸入の約2割は，石油・石炭・天然ガスといった発電などに使われる[ 　　　 ]資源である。

⑤ 本州と九州は関門トンネルと関門橋，本州と北海道は[ 　　　　 ]トンネル，本州と四国は[ 　　　　 ]連絡橋によって，それぞれ結ばれている。

⑥ 国内の輸送量はかつて，旅客・貨物ともに[ 　　　 ]による輸送が中心だったが，現在は旅客輸送では約3割，貨物輸送では約5%となっている。

⑦ トラックによる輸送から，鉄道やフェリーなどの輸送に移行することを[ 　　　　 ]といい，近年，増加の傾向にある。

⑧ 近年，低価格の航空会社である[ 　　　 ]の路線が，世界的に拡大している。

### 【日本の通信網】

⑨ 日本では通信ケーブルや人工衛星を利用した，大量のデータを送受信できる[ 　　　　 ]網が整備されている。

⑩ ICTとよばれる[ 　　　　 ]の進歩により，パソコンやスマートフォンなどの機器が身近なものになった。

⑪ 情報社会の課題の1つに，パソコンやスマートフォンなどの機器や技術を利用できる人とできない人との間で生じる[ 　　　　 ]の問題がある。

### 海外との人の移動

2010年代以降，日本人の海外旅行者数を，日本にくる外国人旅行者数が上回るようになった。

### 大型船による輸送

重量のある工業製品は大型のコンテナ船，原材料などは専用のタンカーで輸送される。

### 本州と四国を結ぶルート

本州と四国は，児島・坂出ルート（瀬戸大橋），神戸・鳴門ルート（大鳴門橋と明石海峡大橋），尾道・今治ルート（瀬戸内しまなみ海道）によって結ばれている。

### 鉄道による輸送

鉄道は自動車とちがって，排気ガスを出さず，交通渋滞もおきないことから，鉄道による貨物輸送が見直されている。

大量のデータを送受信できる環境は，遠隔診断といった医療分野にも役立っているよ。

解答 ➡ 別冊p.11

## トライ

**1** 右のグラフは，日本国内の，貨物輸送と旅客輸送の，輸送量の割合の移り変わりを示したものです。グラフ中のA〜Dの輸送手段の正しい組み合わせを，次から選びなさい。

| | A | B | C | D |
|---|---|---|---|---|
| ア | 船 | 自動車 | 鉄道 | 航空 |
| イ | 船 | 航空 | 自動車 | 鉄道 |
| ウ | 船 | 航空 | 鉄道 | 自動車 |
| エ | 航空 | 鉄道 | 船 | 自動車 |
| オ | 航空 | 船 | 鉄道 | 自動車 |
| カ | 航空 | 船 | 自動車 | 鉄道 |

[ 　 ]

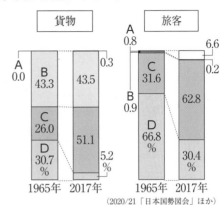

(2020/21「日本国勢図会」ほか)

**2** 次の文が正しければ○，誤っていれば×を書きなさい。

(1) 本州と北海道は，関門トンネルによって結ばれている。 [ 　 ]

(2) 鉄道やフェリーでの輸送をトラック輸送に切り替えることをモーダルシフトという。 [ 　 ]

(3) LCCとは，近年急速に発達している情報通信技術の略称である。 [ 　 ]

(4) パソコンやスマートフォンなどの機器や技術を利用できる人とできない人との間で生じる情報格差を，デジタルデバイドという。 [ 　 ]

(5) インターネットでの情報発信にあたっては，プライバシーの権利や著作権の侵害などに注意しなければならない。 [ 　 ]

## チャレンジ

解答 ➡ 別冊p.11

右のグラフは，1960年と2019年の輸出入の内訳の変化を示したものです。これを見て，次の問いに答えなさい。

(1) 1960年の日本の貿易の特色を，簡単に説明しなさい。

[ 　 ]

(2) 1960年と比較して2019年の日本の輸入に見られる変化を簡単に説明しなさい。

[ 　 ]

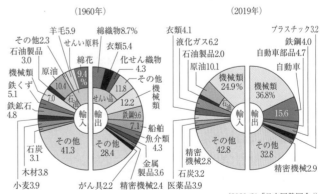

(2020/21「日本国勢図会」)

**1** 次の問いに答えなさい。

(1) 5万分の1地形図では，主曲線は何mごとに描かれていますか。正しいものを次のア〜エから選びなさい。

　　ア　5m　　イ　10m　　ウ　20m　　エ　25m　　　　　　　　〔　　　〕

(2) 次の①〜③の施設を表している地図記号を，下のア〜オからそれぞれ選びなさい。

　　①　病院　　②　図書館　　③　警察署

　　ア　Y　　イ　⊞　　ウ　⊗　　エ　☆　　オ　⑪

　　　　　　　　　　　　　　　　　①〔　　　〕　②〔　　　〕　③〔　　　〕

(3) 地域調査の内容をグラフにまとめる際，年ごとの数値の変化を表すのに適したグラフを，次のア〜エから選びなさい。

　　ア　帯グラフ　　イ　円グラフ　　ウ　棒グラフ　　エ　折れ線グラフ　　〔　　　〕

**2** 次の問いに答えなさい。

(1) 日本の国土に関する説明として正しいものを，次のア〜エから選びなさい。

　　ア　日本列島はアルプス・ヒマラヤ造山帯に属している。

　　イ　日本の国土は約3分の1を山地や丘陵が占めている。

　　ウ　本州中央にあるフォッサマグナは大地溝帯ともよばれる。

　　エ　東日本では東西方向に，西日本では南北方向に，山地が連なっている。　　〔　　　〕

(2) 三陸海岸や志摩半島などに見られる，山地が海に沈んでできた海岸を何といいますか。

　　　　　　　　　　　　　　　　　　　　　　　　　　　　　　　　　　〔　　　　　　　〕

(3) 右のグラフは，ある都市の気温と降水量を示したものです。この都市の気候として正しいものを，次のア〜エから選びなさい。

　　ア　瀬戸内の気候　　イ　日本海側の気候

　　ウ　北海道の気候　　エ　中央高地の気候　　〔　　　〕

気温　　　　　　　降水量
30℃　年平均気温　500mm
20　　13.6℃　　400
10　　　　　　　300
　　年降水量　　200
-10　2755mm　　100
-20　　　　　　　0
　1月　7　12
（「理科年表」）

(4) 地震や洪水などで被害が予測される地域や避難ルート，避難所などを記した，防災マップともよばれる地図を何といいますか。

　　　　　　　　　　　　　　　　　　　　　　　　　　　　　　　〔　　　　　　　　〕

**3** 次の問いに答えなさい。

(1) 右の人口ピラミッドのうち，発展途上国によく見られるピラミッドの形を，右のア〜ウから選びなさい。　　〔　　　〕

歳　　ア　　　　　歳　　イ　　　　　歳　　ウ
80　　　　　　　80　　　　　　　80
60　　　　　　　60　　　　　　　60
40　男女　　　　40　　　　　　　40
20　　　　　　　20　男女　　　　20　男女
0　　　　　　　　0　　　　　　　　0
864202468(%)　864202468(%)　864202468(%)

(2) 65歳以上の老年人口が50%以上を占め，地域社会を維持するのが困難となっている集落を何といいますか。　　〔　　　　　　　〕

**4** 次の問いに答えなさい。

(1) 次の①〜③の鉱産資源について，日本の最大の輸入相手国をそれぞれ答えなさい。

①　石油　　②　鉄鉱石　　③　銅鉱

①〔　　　　　　　　　〕　②〔　　　　　　　　　〕　③〔　　　　　　　　　〕

(2) 右のグラフは，ある国の発電量の内訳を示したものです。あてはまる国を，次のア〜エから選びなさい。

ア　日本　　　　イ　フランス

ウ　ブラジル　　エ　中国　　〔　　　　〕

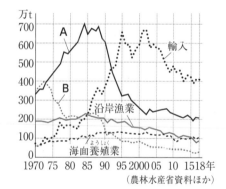

地熱・風力など 7.3
原子力 2.7

5894億kWh
(2017年)

| 水力 62.9% | 火力 27.0 |

(2020/21「世界国勢図会」)

**5** 次の問いに答えなさい。

(1) 次の①〜③の農産物について，生産がさかんな道県の正しい組み合わせを，下のア〜オからそれぞれ選びなさい。

①　米　　②　みかん　　③　肉牛

ア　青森県・長野県　　　イ　静岡県・鹿児島県　　ウ　和歌山県・静岡県

エ　北海道・鹿児島県　　オ　北海道・新潟県

①〔　　　〕　②〔　　　〕　③〔　　　〕

(2) 右のグラフは，日本の漁業形態の変化を示したものです。グラフ中のA・Bにあてはまる語句を，それぞれ答えなさい。

A〔　　　　　　　〕　B〔　　　　　　　〕

(3) 製造品出荷額に占める石油化学工業の割合が高い工業地帯・地域を，次のア〜エから選びなさい。

ア　中京工業地帯　　イ　京浜工業地帯

ウ　京葉工業地域　　エ　北関東工業地域

〔　　　　　〕

万t
700
600
500
400
300
200
100
A
B
輸入
沿岸漁業
海面養殖業
1970 75 80 85 90 95 2000 05 10 15 18年
(農林水産省資料ほか)

(4) 日本の工業の推移に関する次のア〜エの出来事を，年代の古い順に並べ替えなさい。

ア　欧米諸国と貿易摩擦がおこった。　　イ　加工貿易を背景に高度経済成長期をむかえた。

ウ　製造業から先端技術産業への転換が進んだ。　　エ　国内で産業の空洞化がおこった。

〔　　　　→　　　　→　　　　→　　　　〕

**6** 次の問いに答えなさい。

(1) 世界と日本を結ぶ交通についての説明として正しくないものを，次のア〜エから選びなさい。

ア　日本の輸出・輸入ともに，最大の割合を占める品目は機械類である。

イ　海外との貿易で，小型軽量で高額な電子部品は航空機によって輸送される。

ウ　現在(2019年)，日本の最大の輸入相手国は中国である。

エ　近年，海外への旅行者が急増したことで，インバウンド消費が増えている。　　〔　　　〕

(2) 情報通信技術を利用できる人とできない人との間に生じる情報格差を何といいますか。

〔　　　　　　　　　　　　　　　〕

# 22 九州地方

## チェック

空欄をうめて，要点のまとめを完成させましょう。

【九州地方の社会と自然】

① 九州地方中部にある阿蘇山は，世界最大級の〔　　　　　　　〕をもつ。

② 九州地方南部には，火山の噴出物が積もった〔　　　　　　〕の台地が広がっており，稲作には適さない地帯となっている。

【自然環境への適応】

③ 桜島は大量の〔　　　　　〕を降らせるため，鹿児島市ではそれを路面清掃車（ロードスイーパー）で除去したりしている。

【九州地方の産業】

④ 筑紫平野では稲作とともに，冬に裏作の小麦を栽培する〔　　　　　〕も行われている。

⑤ 宮崎平野では，他の地域よりもピーマンやきゅうりなどの出荷を早める〔　　　　　〕が行われている。

⑥ 〔　　　　　〕海ではのりの養殖などがさかんだが，諫早湾の干拓事業による，漁業への影響が心配されている。

⑦ 〔　　　　　　　〕は，鉄鋼業を中心として成長し，四大工業地帯の1つに数えられたが，1960年代のエネルギー革命をきっかけに地位が大きく低下した。

⑧ 1970年代，九州地方に電子部品工場が進出し，アメリカのシリコンバレーにちなんで〔　　　　　　〕とよばれるようになった。

【公害と環境対策】

⑨ 九州地方ではメチル水銀（有機水銀）を原因として，四大公害病である〔　　　　　〕が発生した。

【南西諸島の自然と文化】

⑩ 15〜17世紀には，中国や東南アジア，日本との中継貿易によって〔　　　　　〕王国が栄えた。

⑪ 南西諸島では，美しい自然や首里城などの史跡，独自の文化を生かした〔　　　　　〕業がさかんである。

ポイント

九州地方には阿蘇山以外にも，雲仙岳（普賢岳）や桜島など，活発に活動している火山が多いよ。

### 地熱発電
九州地方は活発な火山が多いことから地熱発電もさかんで，国内の地熱発電所の約4割がある。

### 筑紫平野
筑紫平野は九州一の稲作地帯で，トマトやいちごなどの畑作もさかんである。

### 九州地方の電子部品工場
1970年代に進出した電子部品工場は，空港や高速道路沿いにつくられた。

### 北九州市の公害
北九州市では1960年代，工場の煤煙による大気汚染や洞海湾の水質汚濁が深刻化したが，公害対策基本法などにのっとって有害物質の排出を規制し，現在では環境モデル都市などに登録されるまでになった。

チェックの解答　①カルデラ　②シラス　③火山灰　④二毛作　⑤促成栽培　⑥有明　⑦北九州工業地帯（地域）
⑧シリコンアイランド　⑨水俣病　⑩琉球　⑪観光

解答 ➡ 別冊p.12

💬 **トライ**

右の地図を見て，次の問いに答えなさい。

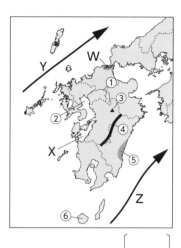

(1) 地図中①の川，②の海，③の山，④の山地，⑤の平野，⑥の
島のよび名を，それぞれ答えなさい。

①[　　　　　　　] ②[　　　　　　　]

③[　　　　　　　] ④[　　　　　　　]

⑤[　　　　　　　] ⑥[　　　　　　　]

(2) 地図中の①の川が流れる平野でさかんな農業は何ですか。

[　　　　　　　　　　]

(3) 地図中の②の海で養殖がさかんな水産物を，次のア～エか
らから1つ選びなさい。

ア ほたて　　　イ うなぎ　　　ウ のり　　　エ こんぶ　　　[　　　]

(4) 地図中の③の山に見られる，噴火によってできた火山地形を何といいますか。

[　　　　　　　]

(5) 地図中の⑥の島は，ユネスコによって何に登録されていますか。　[　　　　　]

(6) 地図中のWで1901年に開業した官営の工場を何といいますか。　[　　　　　]

(7) 地図中のXの海の汚染によっておきた公害病は何ですか。　[　　　　　]

(8) 地図中のY，Zの海流と九州地方の気候についての説明として最も適切なものを次のア～エか
ら1つ選び，記号で答えなさい。

ア　Y，Zいずれも寒流であり，全域で夏でもすずしい。

イ　Y，Zいずれも暖流であり，全域で冬でも比較的暖かい。

ウ　Yは寒流，Zは暖流で，北部は夏と冬の気温差が大きく，南部は1年じゅう暖かい。

エ　Zは暖流，Yは寒流だが，高緯度にある地方なので全域で1年じゅうすずしい。　[　　　]

💬 **チャレンジ**

解答 ➡ 別冊p.12

次の文を読んで，あとの問いに答えなさい。

　20世紀初めから製鉄などの重工業がさかんになり，北九州工業地帯（地域）が発達したが，
①1960年代にその生産は衰えた。1970年代以降，②九州の各地にIC工場が点在するようになっ
ており，九州は（　X　）とよばれている。

(1) 文中のXにあてはまる語句を書きなさい。　[　　　　　]

(2) 文中の下線部①について，1960年代に生産が衰えた理由を簡単に説明しなさい。

[　　　　　　　　　　　　　　　　　　　　　　　　]

(3) 文中の下線部②について，IC工場の立地条件を，その理由とともに簡単に説明しなさい。

[　　　　　　　　　　　　　　　　　　　　　　　　]

# ㉓ 中国・四国地方

## チェック

空欄をうめて，要点のまとめを完成させましょう。

【中国・四国地方の社会と自然】

① 広島市は，中国地方の中核である［　　　　　　　］都市であり，また岡山市とともに［　　　　　　　］都市に指定されている。

② 平和記念公園にある原爆ドームは，1996年に「人類の負の遺産」「平和の象徴」として［　　　　　　　］に登録された。

③ 讃岐平野では降水量が少ないために水不足になりやすく，その対策として［　　　　　　］や用水路が多くつくられてきた。

【交通網の整備】

④ 1975年に［　　　　　　　］が全通したことで，新大阪駅から博多駅までが新幹線で結ばれた。

⑤ 四国と本州を結ぶ［　　　　　　　］には，児島・坂出ルート，尾道・今治ルート，神戸・鳴門ルートの3ルートがある。

⑥ 近畿地方と四国地方を結ぶ高速［　　　　　　］が増えたため，徳島市から大阪市に買い物に行く人が増えた。

⑦ 中国・四国地方では交通網が整備された結果，大阪大都市圏などに人口が流出する［　　　　　　　］現象がおこっている。

【中国・四国地方の産業】

⑧ 鳥取市の丘陵地では，日本［　　　　　　　］が栽培されている。

⑨ 冬から春の高知平野ではビニールハウスを利用して，他の地域より早く出荷する［　　　　　　　］が行われている。

⑩ 倉敷市の水島地区，岩国市，周南市，新居浜市には，大規模な石油化学［　　　　　　　］が形成されている。

【過疎化と地域おこし】

⑪ 農山村などでは人口が減少して［　　　　　　］化が進行し，交通機関の廃止・減便などが問題になっており，65歳以上の住民が人口の半数をこえる［　　　　　　　］も増えている。

2020年現在，全国で20の政令指定都市があるよ。

### 瀬戸内の気候

瀬戸内地方は1年を通して温暖である。また，夏は四国山地，冬は中国山地で季節風がさえぎられるため，降水量も少ない。

### 四国と本州を結ぶ大橋

児島・坂出ルートには瀬戸大橋，神戸・鳴門ルートには大鳴門橋と明石海峡大橋がある。

### 高知平野でさかんな作物

高知平野では，温暖な気候を生かしてなすやピーマンが栽培されている。

### 人口の減少と高齢化

中国山地や四国山地の農山村，瀬戸内海の離島では人口の減少や高齢化が進んでいる。

チェックの解答　①地方中枢，政令指定　②世界文化遺産　③ため池　④山陽新幹線　⑤本州四国連絡橋　⑥バス　⑦ストロー　⑧なし　⑨促成栽培　⑩コンビナート　⑪過疎，限界集落

右の地図を見て，次の問いに答えなさい。

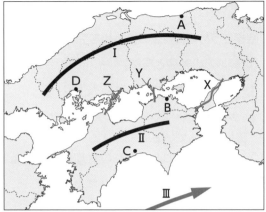

(1) 地図中Ⅰ，Ⅱの山地，Ⅲの海流のよび名を，それぞれ答えなさい。

Ⅰ [          ]

Ⅱ [          ]

Ⅲ [          ]

(2) 右の雨温図はどの地点のものですか。地図中のA〜Cから1つ選び，記号で答えなさい。

[          ]

(3) 地図中のAの地点の近辺と，Cの地点の近辺で栽培がさかんな農作物を，次のア〜カからそれぞれ選びなさい。

ア もも　　イ みかん　　ウ 日本なし

エ なす　　オ レタス　　カ 茶

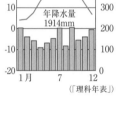

A [          ]　C [          ]

(4) 地図中のDは，広島県の県庁所在地です。この都市についての説明として正しくないものを次のア〜エから選びなさい。

ア 中国地方の地方中枢都市で，政令指定都市にも指定されている。

イ 市内にある原爆ドームは世界文化遺産に登録されている。

ウ 名物の讃岐うどんで地域おこしをしている。

エ 自動車会社の本社があり，自動車工業が発達している。

[          ]

(5) 地図中X〜Zの3つの経路をまとめて何といいますか。

[          ]

(6) 地図中X〜Zの経路のうち，鉄道が通っている経路を記号で選び，その名称を書きなさい。

記号 [          ]　名称 [          ]

 チャレンジ ………………………………………………………………… 解答 ➡ 別冊p.13

次の各問いに答えなさい。

(1) 1960年代以降，瀬戸内工業地域が発達した理由を，工業用地の確保という点から簡単に説明しなさい。

[          ]

(2) 瀬戸内工業地域には，石油化学コンビナートが多く立地しています。その理由を原料に着目して簡単に説明しなさい。

[          ]

# 24 近畿地方

## チェック

空欄をうめて，要点のまとめを完成させましょう。

**【近畿地方の社会と自然】**

① 大阪市は，江戸時代には「天下の[　　　　]」とよばれた。

② 志摩半島や若狭湾は，三陸海岸などにも見られるような[　　　　]海岸になっている。

③ 琵琶湖は1993年，水鳥の生息地である湿地の保護について定めた[　　　　]に登録された。

**【大阪大都市圏とニュータウン】**

④ 1960年代以降，大阪大都市圏にある千里・泉北・須磨などには[　　　　]が建設された。

⑤ 1994年，泉州沖の人工島に[　　　　]が開港した。

**【近畿地方の産業】**

⑥ 近畿地方では，淡路島のたまねぎやレタスなどのように，大消費地向けに行われる[　　　　]農業が中心である。

⑦ 志摩半島の英虞湾は，[　　　　]の養殖の発祥地として知られている。

⑧ 大阪府と兵庫県を中心に広がる[　　　　]は四大工業地帯の1つで，近年は先端技術を使った機械工業の生産が増えている。

⑨ 大阪府内陸部の東大阪市には，高い技術力をもつ[　　　　]企業が多く，提携して人工衛星などを開発した。

**【観光と古都の歴史的景観】**

⑩ 京都や奈良の多くの寺社や，姫路城などは[　　　　]に登録されている。

⑪ 価値の高い文化財は[　　　　]に指定され，そのなかでもとくに優れたものは[　　　　]に指定されている。

⑫ 京都市は1972年に市街地[　　　　]整備条例を制定し，その後も，建物の高さやデザインなどを規制する取り組みを行っている。

---

**ポイント**

**大阪市**

大阪市は商都として発展し，現在では大阪大都市圏の中心都市となっている。

**琵琶湖の環境**

琵琶湖では1970年代から赤潮やアオコが発生するようになり，りんをふくむ合成洗剤の使用禁止などによって水質改善がはかられた。

**近畿地方の農業**

滋賀県では稲作が，和歌山県ではみかんなどの果樹栽培が，京都府南部では茶の栽培がさかんである。

**大阪湾岸の臨海工業地域**

兵庫県南部の埋め立て地には播磨臨海工業地域，大阪湾南部の埋め立て地には堺・泉北臨海工業地域が形成されている。

京都市では，歴史的な建造物の修理や保全には補助金が出されているよ。

---

チェックの解答 ①台所 ②リアス ③ラムサール条約 ④ニュータウン ⑤関西国際空港 ⑥近郊 ⑦真珠 ⑧阪神工業地帯 ⑨中小 ⑩世界文化遺産 ⑪重要文化財，国宝 ⑫景観

**トライ**

右の地図を見て，次の問いに答えなさい。

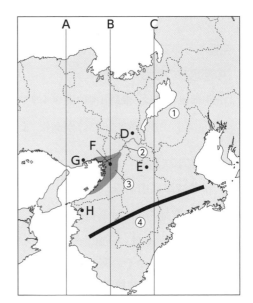

(1) 地図中の①の湖，②の川，③の平野，④の山地の
よび名を，それぞれ答えなさい。

①〔　　　　　　　〕　②〔　　　　　　　　〕

③〔　　　　　　　〕　④〔　　　　　　　　〕

(2) 地図中の①の湖は，かつて水質汚染(おせん)が問題となっ
たことから環境保全が進められ，1993年にはある条
約の登録地となりました。その条約名を答えなさい。

〔　　　　　　　　　　　　　　　　〕

(3) 地図中の④の山地では林業がさかんです。このう
ち奈良県の吉野(よしの)で生産されている木材として正しい
ものを，次のア～エから選びなさい。

ア すぎ　　イ ひのき　　ウ ぶな　　エ まつ

〔　　　　〕

(4) 地図中のA～Cの経線(けいせん)から，日本の標準時子午線(しごせん)を選びなさい。　〔　　　　〕

(5) 日本の標準時子午線が通過する天文台がある都市は何市ですか。　〔　　　　　　　〕

(6) 次のⅠ～Ⅲの説明にあてはまる都市を地図中のD～Hから1つずつ選び，その都市名を書きな
さい。

Ⅰ 外国風の歴史的な建築があり，現在も西日本で有数の国際貿易港である。

Ⅱ 8世紀初めに平城京(へいじょうきょう)という都がおかれ，政治や文化の中心地であった。

Ⅲ 東京大都市圏(けん)に次ぐ人口を有する，西日本の大都市圏の中心地である。

Ⅰ 記号〔　　　〕 都市名〔　　　　　　　〕

Ⅱ 記号〔　　　〕 都市名〔　　　　　　　〕

Ⅲ 記号〔　　　〕 都市名〔　　　　　　　〕

**チャレンジ**

次の各問いに答えなさい。

(1) 大阪市の商業の特徴(とくちょう)について，古くからどのような業種がさかんで，また，どのような商業地域
が各地につくられていますか。簡単に説明しなさい。

〔　　　　　　　　　　　　　　　　　　　　　　　　　　　　　　　　　　　　　　　〕

(2) 阪神(はんしん)工業地帯を形成する企業のうち，内陸部の東大阪市などに見られる企業の特徴(とくちょう)について簡
単に説明しなさい。

〔　　　　　　　　　　　　　　　　　　　　　　　　　　　　　　　　　　　　　　　〕

# 25 中部地方

## ✏️ チェック

空欄をうめて，要点のまとめを完成させましょう。

### 【中部地方の社会と自然】

① 中部地方には，飛驒山脈（北アルプス），〔　　　　　　　　　〕（中央アルプス），赤石山脈（南アルプス）があり，まとめて〔　　　　　　　　　〕という。

### 【中部地方の工業】

② 伊勢湾岸に広がる〔　　　　　　　　　〕は日本最大の工業地帯で，ほかの工業地帯・地域と比べて〔　　　　　　〕工業の割合が大きい。

③ 自動車の生産は，愛知県の〔　　　　　　〕（旧挙母市）で始まり，同市では自動車会社やその関連会社に勤める人が多い。

④ 長野県の諏訪盆地では第二次世界大戦後，時計やカメラなどをつくる〔　　　　　　　〕工業が発達した。

⑤ 北陸地方は，新潟県燕市の洋食器や，福井県鯖江市の眼鏡フレームなどをつくる〔　　　　　　〕産業がさかんである。

⑥ 北陸地方は，石川県の輪島塗や加賀友禅，福井県の越前和紙などをつくる〔　　　　　〕産業がさかんである。

### 【中部地方の農業・水産業】

⑦ 渥美半島では電照菊の栽培をはじめ，野菜や花，メロンを温室やビニールハウスで栽培する〔　　　　　　　　　〕がさかんである。

⑧ 静岡県の〔　　　　　　〕港は，日本最大の遠洋漁業の基地で，まぐろやかつおの水揚げ量が多い。

⑨ 多くの〔　　　　　　〕が形成されている山梨県の〔　　　　　　　　〕では，水はけのよさを利用してぶどうやももが栽培されている。

⑩ 野辺山原などの高原地帯では，レタスやキャベツなどの〔　　　　　　　　　〕を，夏でもすずしい気候を生かした〔　　　　　　　　〕によって，他の産地と時期をずらして出荷している。

### 【中部地方の特徴のある都市】

⑪ 四日市市では，四大公害病の1つである〔　　　　　　　　　〕が発生したが，工場に煤煙を除去する装置の導入を義務づけるなどして，公害を克服した。

---

### ポイント

#### 中部地方の活火山
中部地方には，浅間山や御岳山などの活火山が多く，富士山もその1つである。

#### 企業城下町
1つの大企業が，地域の経済や社会に大きな影響をもっている都市を企業城下町という。

#### 中央高地の工業
中央高地の松本市や伊那市は高速道路に近く，パソコンや産業用ロボットといった電気機械や電子製品の工場が多い。

#### 東海地方の農業
東海地方の濃尾平野では近郊農業が，静岡県では茶やみかんの栽培がさかんである。

果物の成長には，昼と夜の気温差が大きいこともプラスに働くよ。

---

解答 ➡ 別冊 p.13

💠 **トライ** ・・・・・・・・・・・・・・・・・・・・・・・・・・・・・・・・・・・・・・・・

右の地図を見て，次の問いに答えなさい。

(1) 地図中の①の川，②の平野，③の湾のよび名を，それぞれ答えなさい。

① [　　　　　　　　　]
② [　　　　　　　　　]
③ [　　　　　　　　　]

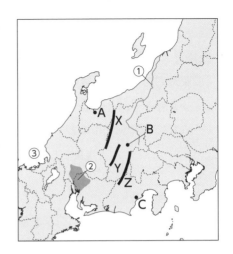

(2) 地図中のA〜Cの都市のうち，次の気候の説明にあてはまる地域を選びなさい。

北西の季節風の影響で，冬に雪が多く降る。[　　　　]

(3) 地図中のX〜Zの山脈の名称の正しい組み合わせを，次のア〜エから選びなさい。

ア X 木曽山脈　Y 赤石山脈　Z 飛騨山脈

イ X 木曽山脈　Y 飛騨山脈　Z 赤石山脈

ウ X 飛騨山脈　Y 木曽山脈　Z 赤石山脈

エ X 飛騨山脈　Y 赤石山脈　Z 木曽山脈

[　　　　]

(4) 渥美半島で行われている，ビニールハウスなどを用いた農業を何といいますか。

[　　　　　　　　　　　]

(5) 山梨県で生産量が全国1位（2018年）の果樹の組み合わせとして正しいものを，次のア〜エから1つ選びなさい。

ア ぶどう　おうとう（さくらんぼ）　　イ ぶどう　もも

ウ りんご　もも　　　　　　　　　　　エ もも　おうとう（さくらんぼ）

[　　　　]

💠 **チャレンジ** ・・・・・・・・・・・・・・・・・・・・・・・・・・・・・・・・・・・・

解答 ➡ 別冊 p.14

次の各問いに答えなさい。

(1) 中京工業地帯の工業都市を次のア〜エからすべて選びなさい。

ア 鈴鹿市　　イ 静岡市　　ウ 豊田市

エ 浜松市　　オ 鯖江市　　カ 瀬戸市

[　　　　　　　　　]

(2) 右のグラフのように，中京工業地帯において，機械工業の割合が他の工業地帯より高い理由を，次の文に続くように簡単に説明しなさい。

他の工業地帯に比べ，[　　　　　　　　　　　　　　　　　]

三大工業地帯の製造額と内訳（2017年）

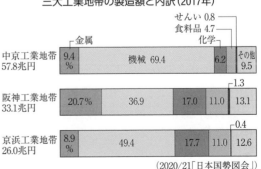

| | 金属 | 機械 | 化学 | 食料品 4.7 せんい 0.8 その他 |
|---|---|---|---|---|
| 中京工業地帯 57.8兆円 | 9.4% | 機械 69.4 | 6.2 | その他 9.5 |
| 阪神工業地帯 33.1兆円 | 20.7% | 36.9 | 17.0 | 11.0　13.1 （1.3） |
| 京浜工業地帯 26.0兆円 | 8.9% | 49.4 | 17.7 | 11.0　12.6 （0.4） |

（2020/21「日本国勢図会」）

# 26 関東地方

💬 **チェック**

空欄をうめて，要点のまとめを完成させましょう。

**【関東地方の社会と自然】**

① 武蔵野や下総台地は，〔　　　　　　〕という赤土の層からなる。

② 東京23区や横浜市などでは，周辺部よりも気温が高くなる〔　　　　　　〕現象がしばしば発生する。

**【東京大都市圏】**

③ 東京都は23の〔　　　　〕区と周辺の市・郡からなる。

④ 新宿，渋谷，池袋などの鉄道ターミナル周辺は，都心の機能を補っていることもあって〔　　　　〕ともよばれる。

⑤ 東京大都市圏には，横浜市，川崎市，相模原市，さいたま市，千葉市の5つの〔　　　　　〕がある。

⑥ 東京大都市圏では1960年代以降，郊外の丘陵地に〔　　　　　　〕が建設され，郊外の人口が増加する〔　　　　　〕現象がおきた。

**【関東地方の工業】**

⑦ 東京湾岸を中心に広がる〔　　　　　　〕は四大工業地帯の1つで，出版・印刷業がさかんなほか，近年は情報通信産業が成長している。

⑧ 関東北部にある〔　　　　　　〕は内陸型の工業地域で，関越自動車道や東北自動車道，北関東自動車道など，おもに高速道路のインターチェンジ周辺に形成されている。

**【関東地方の農業・水産業】**

⑨ 関東平野では，日本最大の消費地があるため，新鮮な野菜づくりを中心とした〔　　　　〕農業がさかんである。

⑩ 群馬県の嬬恋村などの山間部や高原地帯では，長野県の高原地帯と同じく〔　　　　〕が行われている。

⑪ 千葉県の〔　　　〕港は全国1位の水揚げ量（2019年）をほこり，いわし，あじ，さばなど魚種も豊富である。

---

**ポイント**

**関東地方と火山**

関東地方には浅間山や箱根山などの火山が多く，関東ロームの赤土は火山の噴出物でできている。

**千代田区**

東京23区の1つである千代田区には，国会議事堂や最高裁判所，中央官庁といった，国の政治の中枢機能が集中している。

東京都大田区には高度な技術をもつ中小工場が多く，「ものづくりの街」として知られているよ。

**関東地方の野菜づくり**

茨城県のはくさいやレタス，千葉県のねぎやだいこんは，全国で1・2を争う生産量である。

---

**チェックの解答** ①関東ローム ②ヒートアイランド ③特別 ④副都心 ⑤政令指定都市 ⑥ニュータウン，ドーナツ化
⑦京浜工業地帯 ⑧北関東工業地域 ⑨近郊 ⑩抑制栽培 ⑪銚子

右の地図を見て，次の問いに答えなさい。

(1) 地図中の①～③の工業地帯・地域名を答えなさい。

①[　　　　　　　]
②[　　　　　　　]
③[　　　　　　　]

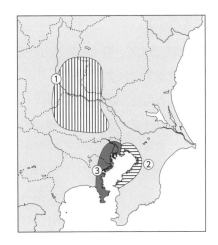

(2) 地図中の①～③の工業地帯・地域の特徴(とくちょう)の説明として適切なものを，次のア～エからそれぞれ選びなさい。

ア　臨海(りんかい)部の埋(う)め立て地に工場が集中し，鉄鋼業や石油化学工業の生産割合が高い。

イ　自動車やオートバイのほか，楽器を生産する工場もある。

ウ　鉄鋼，石油化学，電気機械，自動車などの工場があり，印刷・出版業の割合が高い。

エ　自動車や電気機械などの生産がさかんである。

①[　　　] ②[　　　] ③[　　　]

(3) 関東地方の各県について説明した次のア～オの文が正しければ○，誤っていれば場合は×を書きなさい。

ア　東京都には，世界自然遺産に登録されている小笠原諸島(おがさわらしょとう)が属している。　[　　　　]

イ　千葉県には，国際線を中心とする成田(なりた)国際空港がある。　[　　　　]

ウ　神奈川県(かながわ)には，全国１位の水揚げ量（2019年）をほこる銚子港(ちょうし)がある。　[　　　　]

エ　茨城県には，東京近隣(きんりん)の新都心としてみなとみらい21が形成されている。　[　　　　]

オ　栃木県(とちぎ)では，桐生織(きりゅうおり)や結城紬(ゆうきつむぎ)などの伝統工業が行われている。　[　　　　]

右の表は，茨城県，埼玉県(さいたま)，千葉県，神奈川県，および東京都の昼間人口(ちゅうかん)と夜間人口(やかん)をまとめたものです。これを見て，次の問いに答えなさい。

(1) 次の各県にあたるものを表中のア～エから選びなさい。

茨城県[　　　]　　埼玉県[　　　]

千葉県[　　　]　　神奈川県[　　　]

(2) 右の表から読み取れる人口の動きとその理由について，簡単に説明しなさい。

[　　　　　　　　　　　　　　　　　　　]

| 都県 | 昼間人口 | 夜間人口 |
|---|---|---|
| ア | 832.3 | 912.6 |
| イ | 558.2 | 622.3 |
| ウ | 645.6 | 726.7 |
| エ | 284.3 | 291.7 |
| 東京都 | 1592.0 | 1351.5 |

（単位：万人，2015年）　　　（2020「データでみる県勢」）

# 27 東北地方

## 🏐 チェック

空欄をうめて，要点のまとめを完成させましょう。

**【東北地方の社会と自然】**

① 仙台市は，東北地方の中核である［　　　　　］都市で，プロ野球
やJリーグのチームも本拠地をおいている。

② 三陸海岸の中南部は，山地が海に沈んでできた，小さな岬と深い湾
が連続した［　　　　　］が続いている。

③ ［　　　　　］は初夏に吹く湿った北東風で，太平洋側ではこの風によ
る冷気や霧が原因で低温になり，冷害がしばしば発生する。

**【年中行事と伝統的な生活】**

④ 8月上旬には，東北三大祭りよばれる青森［　　　　　］祭，秋田竿燈
まつり，仙台［　　　　　］まつりが開かれる。

**【東北地方の産業】**

⑤ 東北地方の伝統的工芸品には，山形県の［　　　　　］将棋駒や，岩手
県の南部［　　　　　］などが指定されている。

⑥ 東北各地の自治体は，冬の出かせぎ者を減らすため，高速道路のイ
ンターチェンジ周辺に［　　　　　］をつくり，多くの工場を誘致
した。

⑦ 東北地方では近年，宮城県のひとめぼれや，秋田県のあきたこまち
など，味のよい［　　　　　］の栽培に力を入れている。

⑧ 三陸海岸は波がおだやかなため，わかめ，かき，ほたてなどの
［　　　　　］がさかんである。

⑨ 三陸海岸の沖合は，暖流と寒流がぶつかる［　　　　　］にあたるた
め，魚の量や種類が豊富である。

**【東日本大震災と復興に向けて】**

⑩ 2011年3月11日に発生した［　　　　　］地震と，それにともなっ
て発生した災害をまとめて東日本大震災という。

---

**ポイント**

**仙台市**

緑が豊かな「杜の都」ともよばれる仙台市は，江戸時代に伊達政宗が仙台藩の城下町として開いた都市である。

**東北地方の気候**

太平洋側は夏はすずしく，冬は日本海側より温和で雪も多くない。日本海側は夏は晴天の日が多く，冬は雪が多い。

東北地方では，冬に雪が多いから，農家の副業として地場産業が発達したんだよ。

**東北地方の農業**

東北地方の米の生産量は，全国の4分の1以上を占めている。青森県のりんごや，山形県のおうとう（さくらんぼ），西洋なしの生産量も全国一である。

**津波の教訓**

三陸の各地ではこれまでも津波の被害の経験があり，津波がおきたら「みなてんでんばらばらに，すばやく逃げろ」という意味の「津波てんでんこ」という言葉が継承されている。

---

チェックの解答 ①地方中枢 ②リアス海岸 ③やませ ④ねぶた，七夕 ⑤天童，鉄器 ⑥工業団地 ⑦銘柄米 ⑧養殖 ⑨潮目（潮境）⑩東北地方太平洋沖

解答 ➡ 別冊p.14

💫 **トライ** ..........

右の地図を見て，次の問いに答えなさい。

(1) 地図中の①の山地，②の山脈，③の高地，④・⑤の川のよび名を，それぞれ答えなさい。

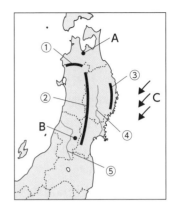

① [　　　　　　] ② [　　　　　　]

③ [　　　　　　] ④ [　　　　　　]

⑤ [　　　　　　]

(2) 地図中の①〜③のうち，ぶなの貴重な原生林が残されていることから世界自然遺産に登録されている場所を選びなさい。

[　　　　　]

(3) 地図中のAの都市で毎年夏に開かれる，東北三大祭りの1つを答えなさい。

[　　　　　　　　　]

(4) 地図中のBの場所でつくられている伝統的工芸品を，次のア〜エから選びなさい。

ア 宮城伝統こけし　　イ 南部鉄器　　ウ 天童将棋駒　　エ 会津塗

[　　　　　]

(5) 地図中のCは，初夏に東北地方の太平洋沿岸に吹きつける冷涼な風を示しています。この風を何といいますか。また，この風が農作物にもたらす被害を何といいますか。

風 [　　　　　　　] 被害 [　　　　　　　]

(6) 東北地方の農業・工業について説明した次のア〜ウの文が正しければ○，誤っていれば×を書きなさい。

ア 青森県はりんご，福島県はおうとう(さくらんぼ)の生産量が全国1位である。 [　　　]

イ 近年，「ひとめぼれ」や「あきたこまち」などの銘柄米の栽培がさかんである。 [　　　]

ウ 東北地方に進出してきたIC工場は，おもに港湾の近く立地している。 [　　　]

💫 **チャレンジ** ..........

解答 ➡ 別冊p.15

次の各問いに答えなさい。

(1) 岩手県の三陸海岸の沖合は，魚の種類・量とも豊富な好漁場となっています。その理由を簡単に説明しなさい。

[　　　　　　　　　　　　　　　　　　　　　　　　]

(2) 岩手県の三陸海岸は，2011年の東北地方太平洋沖地震のときに大きな被害が生じました。どのような被害が生じたか，海岸の地形に着目して簡単に説明しなさい。

[　　　　　　　　　　　　　　　　　　　　　　　　]

# 28 北海道地方

## チェック

空欄をうめて，要点のまとめを完成させましょう。

【北海道地方の社会と自然】

① 明治時代，北海道の開拓のために，札幌に〔　　　　　〕という役所が設置された。

② 札幌市は1970年代，人口が100万人をこえて〔　　　　　〕都市に指定された。

③ 知床半島と沿岸海域は，貴重な大自然が残っていることから，〔　　　　　〕に登録されている。

【自然への適応】

④ 北海道の都市の道路には，地下に埋めた排水パイプに温水を流して雪をとかす〔　　　　　〕のしくみがある。

⑤ 北海道では，除雪だけではなく，雪の冷気を夏の冷房に利用したり，米の貯蔵に利用するなどの〔　　　　　〕の動きもある。

⑥ 北海道には火山が多く，2000年に発生した〔　　　　　〕の噴火によって，ふもとの洞爺湖周辺の町は大きな被害を受けた。

【北海道地方の産業】

⑦ 北海道の農家一戸当たりの〔　　　　　〕は約28 haで，全国平均の約10倍である。

⑧ 泥炭地だった石狩平野は，肥えた土を運び入れる〔　　　　　〕による土地改良などで，全国有数の水田地帯に変わった。

⑨ 根釧台地では，乳牛を飼育し，牛乳やチーズ，バターなどに加工する〔　　　　　〕がさかんである。

⑩ 1970年代以降，各国で200海里の〔　　　　　〕が設定されたりしたことで，北洋船団の遠洋漁業による北洋漁業の漁獲量が減少した。

【自然を生かした観光業】

⑪ 札幌市では毎年2月，寒冷な気候と積雪を利用した「さっぽろ〔　　　　　〕」が開かれ，多くの観光客を集めている。

### オホーツク海

知床半島のある北海道北東沖にはオホーツク海が広がっており，冬には沿岸部に流氷がおし寄せてくる。

札幌市では雪でも外出できるように，暖房が完備された地下街や地下道がつくられているよ。

### 北海道の稲作

品種改良によって寒さに強くて味もよい銘柄米が栽培されるようになり，米の生産量は全国2位 (2019年) である。

### 育てる漁業

北海道では1980年代以降，さけやますの栽培漁業や，ほたてやかき，こんぶの養殖業に力を入れている。

### エコツーリズム

北海道では体験型のエコツーリズムがさかんで，ラムサール条約に登録されている釧路湿原などでエコツアーが開催されている。

　チェックの解答　①開拓使　②政令指定　③世界自然遺産　④ロードヒーティング　⑤利雪　⑥有珠山　⑦耕地面積　⑧客土　⑨酪農　⑩排他的経済水域　⑪雪まつり

解答 ➡ 別冊p.15

**トライ** ‥‥‥‥‥‥‥‥‥‥‥‥‥‥‥‥‥‥‥‥‥‥‥‥‥‥‥‥‥‥‥‥‥‥‥‥‥

右の地図を見て，次の問いに答えなさい。

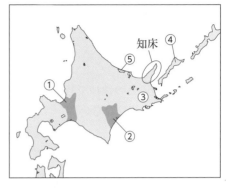

(1) 次の①～③の文は，地図中の同じ記号の平野・台地
   ついての説明です。あてはまる平野・台地を，あとのア
   ～エから選びなさい。

   ① 泥炭地であったが，客土と排水によって稲作に適し
     た土地へと改良した。

   ② 大規模な畑作を行っており，同じ土地でつくる作物
     を変える輪作や混合農業などが見られる。

   ③ 夏でも冷涼な気候が酪農に適しており，乳製品の生
     産が多い。

   ア 上川盆地　　　イ 根釧台地　　　ウ 十勝平野　　　エ 石狩平野

   ①〔　　　〕　②〔　　　〕　③〔　　　〕

(2) 地図中の④の島を何といいますか。　　　　　　　　　　〔　　　　　　　〕

(3) (2)の島などを占領している国はどこですか。　　　　　　〔　　　　　　　〕

(4) 地図中の⑤の湖で養殖のさかんな水産物を，次のア～エの中から選びなさい。

   ア ほたて　　イ まだい　　ウ 真珠　　エ うなぎ　　　〔　　　　　　　〕

(5) 地図中の知床はユネスコによって何の指定を受けましたか。　〔　　　　　〕

(6) 北海道の産業について説明した次のア～ウの文が正しければ○，誤っていれば×を書きなさい。

   ア 北洋漁業の漁獲量は，各国が領海を200海里に拡大したために減少した。〔　　〕

   イ 十勝平野では，大消費地の消費動向に合わせて輪作を行っている。〔　　〕

   ウ 苫小牧市を中心に製紙・パルプ工業が発達している。〔　　〕

**チャレンジ** ‥‥‥‥‥‥‥‥‥‥‥‥‥‥‥‥‥‥‥‥‥‥‥‥‥‥‥‥‥‥‥‥

解答 ➡ 別冊p.15

右の表は，耕地面積上位4位の道県の農業就業人口を比較したものです。この表を見て，次の問
いに答えなさい。

(1) 農業就業者一人当たりの耕地面積が最もせまいのは
   どの道県ですか。

   〔　　　　　　　〕

(2) この表から読み取れる北海道の農業の特徴を簡単に
   説明しなさい。

   〔

| | 耕地面積<br>（万ha)<br>(2018年) | 農業就業<br>人口(万人)<br>(2015年) |
|---|---|---|
| 北海道 | 114.5 | 9.7 |
| 茨城県 | 16.6 | 9.0 |
| 新潟県 | 17.0 | 7.9 |
| 青森県 | 15.1 | 6.5 |

(2020「データでみる県勢」)

## 確認問題⑤　　解答 ➡ 別冊p.15

**1** 右の地図を見て，次の問いに答えなさい。

(1) 地図中のＡの地域に広がる，火山の噴出物が積もってできた台地を何といいますか。[　　　　　　　]

(2) 地図中のＢの地域で行われている農業として正しいものを，次のア～エから選びなさい。

　　ア 二毛作　　　イ 近郊農業　　ウ 促成栽培　　エ 抑制栽培

[　　　　　　]

(3) 地図中のＣの地域にある工業地域を何といいますか。また，この工業地域で生産が最もさかんな工業の種別を，次のア～エから選びなさい。

　　ア 化学　　イ 機械　　ウ 金属　　エ 食料品

工業地域[　　　　　　　] 種別[　　　　　]

(4) 次の①～③の文にあてはまる県を，地図中のア～カからそれぞれ選びなさい。

　① ため池が多く残り，名物の讃岐うどんで地域おこしをしている。　　　　　　　　　[　　　]

　② ももの栽培がさかんで，備前焼などの伝統的工芸品が有名である。　　　　　　　　[　　　]

　③ 古代には大陸との窓口として大宰府がおかれ，現在も中国や韓国からの観光客が多い。

[　　　]

**2** 右の地図を見て，次の問いに答えなさい。

(1) 地図中のＡにある，人工島の上につくられた24時間利用可能な空港の名称を答えなさい。[　　　　　　　]

(2) 地図中のＢの地域にある工業地帯のうち，近年沿岸部で生産が増えている工業製品を，次のア～エから選びなさい。

　　ア 太陽光パネル　　イ ファインセラミック
　　ウ 携帯電話　　　　エ 半導体

[　　　　　]

(3) 地図中のＣの地域に見られる，山地が海に沈んでできた海岸を何といいますか。また，この地域で養殖がさかんな水産物を，次のア～エから選びなさい。

　　ア のり　　イ かき　　ウ ほたて　　エ 真珠

海岸[　　　　　　　] 水産物[　　　　]

(4) 地図中のＤの湖では，環境保全の取り組みが進められ，1993年に国際的な条約に登録されました。この条約の名称を答えなさい。[　　　　　　　　]

(5) 次の①～③の文にあてはまる府県を，地図中のア～オからそれぞれ選びなさい。

　① みかんをはじめ，梅や柿などの栽培がさかんである。　　　　　　　　　　　　　[　　　]

　② 歴史的な町並みが保存され，西陣織や清水焼などの伝統的工芸品も有名である。[　　　]

　③ 地場産業として酒造業がさかんで，世界文化遺産に登録されている姫路城がある。[　　　]

68

**3** 右の地図を見て，次の問いに答えなさい。

(1) 地図中のＡは，全国１位の水揚げ量をほこる漁港です。この漁港の名称を答えなさい。　〔　　　　　　　　〕

(2) 地図中のＢの地域で栽培がさかんな農産物を，次のア～エから選びなさい。

　　ア　キャベツ　　　　イ　チューリップの球根
　　ウ　こんにゃく　　　エ　電照菊　　　　〔　　　　　〕

(3) 地図中のＣ～Ｅの地域にある工業地帯・工業地域について説明した文を，次のア～エからそれぞれ選びなさい。

　　ア　地場産業や伝統産業がさかんである。　　　イ　印刷・出版業がさかんである。
　　ウ　オートバイや楽器の生産がさかんである。　エ　日本最大の工業地帯である。

　　　　　　　　　　　　　　Ｃ〔　　　　〕　Ｄ〔　　　　〕　Ｅ〔　　　　〕

(4) 次の①～④の文にあてはまる県を，地図中のア～カからそれぞれ選びなさい。

　　① 新都心の１つとして，みなとみらい21が開発された。　〔　　　　〕

　　② 多くの原子力発電所が集まっている沿岸部は，「原発銀座」とよばれている。　〔　　　　〕

　　③ こんにゃくの栽培がさかんで，伝統工業の桐生織などで知られる。　〔　　　　〕

　　④ 多くの扇状地が見られる甲府盆地では，ワインづくりがさかんである。　〔　　　　〕

**4** 右の地図を見て，次の問いに答えなさい。

(1) 地図中のＡの都市で例年開かれる，東北三大祭りの１つである祭りの名称を答えなさい。　〔　　　　　　　　　〕

(2) 地図中のＢの地域は，2011年の東北地方太平洋沖地震の際，地震にともなって生じた自然災害により大きな被害が生じました。その自然災害を，次のア～エから選びなさい。

　　ア　土石流　　　イ　高潮　　　ウ　洪水　　　エ　津波

　　　　　　　　　　　　　　　　　　　〔　　　　〕

(3) 地図中のＣの地域についての説明として正しいものを，次のア～エから選びなさい。

　　ア　この地域の中央部には，石狩川が流れている。
　　イ　かつて泥炭地だったため，客土と排水による土地改良が行われた。
　　ウ　何種類かの作物を交替で栽培する輪作が行われている。
　　エ　乳牛を飼育し，乳製品に加工する酪農がさかんである。　〔　　　　〕

(4) 次の①～③の文にあてはまる道県を，地図中のア～オからそれぞれ選びなさい。

　　① ニセコのスキー場や旭山動物園など，国内外から多くの観光客を集めている。　〔　　　　〕

　　② 伝統食のきりたんぽや，伝統的な民俗行事のなまはげが受けつがれている。　〔　　　　〕

　　③ ももの栽培がさかんで，伝統的工芸品の会津塗などで知られる。　〔　　　　〕

❶ 右の地図を見て，次の問いに答えなさい。[5点×5-25点]

(1) 地図中の　　　　は，ある農産物の生産量上位3か国を示しています。この農産物を，次のア～エから選びなさい。
　　ア　小麦　　イ　だいず
　　ウ　米　　　エ　コーヒー　〔　　　　〕

(2) 地図中のa～dの都市のうち，地中海性気候に属する都市の組合せとして正しいものを，次のア～エから選びなさい。
　　ア　a－c　　イ　b－c　　ウ　b－d　　エ　c－d　　　　　　　〔　　　　〕

(3) 地図中のA～Dの国のうち，おもにカトリックが信仰(しんこう)されている国の組合せとして正しいものを，次のア～エから選びなさい。
　　ア　A－C　　イ　A－D　　ウ　B－C　　エ　C－D　　　　　　〔　　　　〕

(4) 右の図は，地図中のA～Dのいずれかの国の発電エネルギーの内訳を示したものです。あてはまる国を，A～Dから選びなさい。
　　　　　　　　　　　　　　　　〔　　　　〕

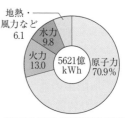

地熱・風力など 6.1
水力 9.8
火力 13.0
5621億kWh
原子力 70.9%

(2017年)(2020/21「世界国勢図会」)

(5) 地図中のBとCの国は，1990年代以降，経済成長がいちじるしい新興5か国のうちの2つに挙げられます。これら5か国の総称を，アルファベット5文字で答えなさい。　〔　　　　〕

❷ 右の表を見て，次の問いに答えなさい。[5点×5-25点]

(1) 右の表は，アメリカ，ドイツ，ブラジル，オーストラリア，中国のいずれかから日本が輸入している上位3品目の内訳を示したものです。次の①～③にあてはまる国を，表中のA～Eからそれぞれ選びなさい。
① 経済特区(とっく)や経済開発区とよばれる地域で工業が発達している国
② サンベルトとよばれる地域で工業が発達している国
③ かつてはコーヒー豆を中心としたモノカルチャー経済だった国

(単位：%)

| A | 機械類 47.0　衣類 9.7　金属製品 3.7 |
|---|---|
| B | 機械類 26.3　航空機類 5.8　医薬品 5.6 |
| C | 液化天然ガス 35.4　石炭 30.0　（　X　）12.4 |
| D | 機械類 26.8　自動車 22.6　医薬品 19.1 |
| E | （　X　）38.4　とうもろこし 12.4　肉類 11.4 |

(2019年)(2020/21「日本国勢図会」)

①〔　　　　〕　②〔　　　　〕　③〔　　　　〕

(2) 表中のXに入る鉱産資源を答えなさい。　〔　　　　〕

(3) 表中のとうもろこしは，近年，石油などの化石燃料に代わるエネルギーとして注目されている，ある燃料の原料となる作物です。その燃料の名称を答えなさい。　〔　　　　〕

❸ 右の年表を見て，次の問いに答えなさい。[5点×4-20点]

(1) 地図中の ⬭ で示されている県のうち，県名と県庁所在地名が異なるものを選び，その県庁所在地名を答えなさい。

［　　　　　］

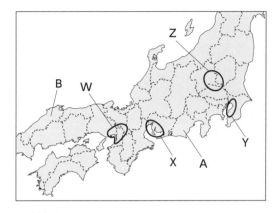

(2) 地図中のAの県で，生産量が全国1位（2019年）の農産物として正しいものを，次のア〜エから選びなさい。

ア こんにゃくいも　　イ らっかせい
ウ 梅　　　　　　　　エ 茶　　［　　　］

(3) 地図中のBの県に属する島で，現在，韓国が不法に占拠している島の名称を答えなさい。

［　　　　　　　　］

(4) 地図中のW〜Zにある工業地帯・地域のうち，他の工業地帯・地域に比べて化学工業がさかんな場所を選びなさい。

［　　　］

❹ 右の表を見て，次の問いに答えなさい。[5点×3-15点]

(1) 右の表は，ある4つの県の統計をまとめたもので，次のア〜エは，それぞれ表中のA〜Dの県のいずれかについて述べたものです。BとDにあてはまるものを，ア〜エからそれぞれ選びなさい。

| | 面積（km²） | 人口（万人） | 米の産出額（億円） | 果実の産出額（億円） | 野菜の産出額（億円） | 製造品出荷額（億円） |
|---|---|---|---|---|---|---|
| A | 8401 | 548 | 476 | 37 | 406 | 157988 |
| B | 11638 | 98 | 1007 | 69 | 279 | 13898 |
| C | 5676 | 135 | 164 | 537 | 206 | 42008 |
| D | 6097 | 288 | 868 | 133 | 2071 | 123377 |

（面積，人口は2018年，その他は2017年）（データでみる県勢2020）

ア 東北三大祭りの1つである竿燈まつりが行われている。
イ 日本の標準時子午線が通過している。
ウ 筑波研究学園都市や常陸那珂港がある。
エ 瀬戸内しまなみ海道によって，本州と結ばれている。

B［　　　］ D［　　　］

(2) 人口密度が最も高い県を，表中のA〜Dから選びなさい。

［　　　　　］

❺ 次の問いに答えなさい。[5点×3-15点]

(1) 九州地方にある火山として正しいものを，次のア〜エから選びなさい。
ア 阿蘇山　　イ 有珠山　　ウ 浅間山　　エ 蔵王山

［　　　　　］

(2) 中国地方にある世界文化遺産として正しいものを，次のア〜エから選びなさい。
ア 中尊寺　　イ 清水寺　　ウ 姫路城　　エ 原爆ドーム

［　　　　　］

(3) 東北地方に伝わる伝統的工芸品として正しいものを，次のア〜エから選びなさい。
ア 小千谷縮　　イ 南部鉄器　　ウ 桐生織　　エ 加賀友禅

［　　　　　］

初版
第 1 刷　2021年 4 月 1 日　発行

●編　者
　　数研出版編集部
●カバー・表紙デザイン
　　有限会社アーク・ビジュアル・ワークス

発行者　星野　泰也

ISBN978-4-410-15132-3

チャート式®シリーズ　　中学地理　　準拠ドリル

発行所　数研出版株式会社

本書の一部または全部を許可なく
複写・複製することおよび本書の
解説・解答書を無断で作成するこ
とを禁じます。

〒101-0052　東京都千代田区神田小川町 2 丁目 3 番地 3
　　　　　　　〔振替〕00140-4-118431
〒604-0861　京都市中京区烏丸通竹屋町上る大倉町205番地
〔電話〕代表（075）231-0161
ホームページ　https://www.chart.co.jp
印刷　創栄図書印刷株式会社
　　乱丁本・落丁本はお取り替えいたします　210301

# 答えと解説

## ❶ 地球の姿／世界の国々

**トライ** ➡本冊p.5

**1** (1)① ア　② ウ　③ エ
　(2)記号：B　名称：太平洋

**2** A 領土　B 国民

**3** エ

**解説**

**1** (1)② オーストラリア大陸は，全土がオーストラリア1国の領土である。

③北アメリカ大陸には，国土の面積が世界2位のカナダと，3位のアメリカ合衆国が位置している。

**2** Aは地域をさしているので「領土」，Bは人々をさしているので「国民」が入る。「主権」を加えた3つの要素から，国は成り立っている。

**くわしく！** 国の条件 ……………… チャート式シリーズ参考書 》》p.12

**3** 三日月と星が描かれているので，イスラム教徒が多い国である。なお，オセアニア州の多くの国々は，かつてイギリスの植民地だったことからイギリス連邦に加盟し，それらの国旗にはイギリスの国旗（ユニオン・ジャック）がデザインされているものが多く見られる。

**チャレンジ** ➡本冊p.5

(1)(例)内陸国である。
(2)(例)植民地として支配していたヨーロッパ諸国の都合によって国境が決められたため。

**解説**

(1) 海に面していない国は内陸国とよばれ，アフリカに多い。他のおもな内陸国には，モンゴル，スイス，ボリビアなどがある。

(2) かつてアフリカを植民地としていたヨーロッパ諸国は，民族の生活の実態を無視して，緯度や経度に沿って国境を引いたことから，直線的な国境が今も多く残っている。

## ❷ 地球儀と地球上の位置／さまざまな世界地図

**トライ** ➡本冊p.7

**1** ① イ　② オ　③ ケ　④ エ　⑤ キ

**2** (1)×　(2)○　(3)×

**3** ① 距離　② 方位　③ 正距方位（①・②は順不同）

**解説**

**1** ①② 北極点と南極点からともに等しい距離にある点を結んだ，地球の表面を一周する横線（地図上のAの線）を赤道という。この赤道を0度として，南北をそれぞれ90度ごとに分けたものが緯度で，同じ緯度を結んだ赤道に平行な線を緯線という。

③④⑤ 北極点と南極点を結んだ，イギリスの首都ロンドンを通る地球の表面の縦線（地図上のBの線）を本初子午線という。この線を0度として，東西を180度ごとに分けたものが経度で，同じ経度を結んだ線を経線という。

**2** (1)地球の地軸は，太陽に対して約23.4度傾いている。

(3) 高緯度地方で，一日じゅう太陽がのぼらない現象（極夜）がおきるのは冬である。逆に，夏には一日じゅう太陽がしずまない現象（白夜）がおきる。

**3** 図の中心からすべての地点への距離と方位が正しく表されている地図を正距方位図法とよび，航空図などに利用される。

**チャレンジ** ➡本冊p.7

記号：Z　理由：(例)面積が正しい地図だから。

**解説**

問題で示されている地図は，面積が正しく表されている地図（モルワイデ図法）である。赤道から離れるほど，陸地の形はゆがんで表されるが面積は正確なので，Zが最も面積の大きい島と判断できる。

## ❸ 日本の姿

**トライ** ➡本冊p.9

**1** (1)ウ　(2)エ　(3)12月31日午後2時

**2** (1)約38万km²　(2)南鳥島　(3)領空　(4)47
　(5)関東地方

**3** ① ×　② ○　③ ×

**解説**

**1** (1) 南端の沖ノ鳥島は北緯20度25分，北端の択捉島は北緯45度33分である。

(3) 日本の標準時子午線は東経135度，サンフランシスコは西経120度なので，時差は，

$135 + 120 = 255$，$255 \div 15 = 17$ から17時間。

日付変更線の西側から順に時間が進んでいることから，1月1日午前7時の17時間前で12月31日午後2時となる。

**くわしく！** 2都市間の時差の計算 … チャート式シリーズ参考書 》》p.22

**2** (1) 日本の国土面積（約38万km²）は，世界で約60番目の広さである。

(3) 領土と領海の上空を領空といい，その主権国の許可が
    ないと通過することができない。
(5) 関東地方は，7地方のうち最も人口が多い。
**3** (1) 日付変更線を西から東へこえるときは，日付を1日遅
    らせる。逆に東から西へこえるときは，日付を1日進める。
(3) 中国・四国地方のうち，県名と県庁所在地名が異なる
    県は，島根県（松江市），香川県（高松市），愛媛県（松山市）
    の3つである。

**チャレンジ** →本冊p.9

(1) 排他的経済水域（経済水域）
(2) （例）排他的経済水域がせまくならないようにす
    るため。

**解説**

(1) 日本は周囲を海に囲まれ，多くの島が点在していること
    から，排他的経済水域がとても広い。
(2) 沖ノ鳥島は水没してしまう危険性があったため，日本は
    領域確保のために護岸工事を行った。

くわしく！　日本の領域 …………… チャート式シリーズ参考書 >>p.24

**確認問題①** →本冊p.10

**1** (1)①ア　②イ　(2)①オ　②イ　(3)バチカン市国
    (4)よび名：内陸国　国名：イ　(5)エクアドル

**2** (1)ウ　(2)オタワ　(3)エ

**3** (1)C　(2)3月3日午後11時

**4** (1)X 南鳥島　Y 与那国島
    (2)よび名：北方領土　国：A
    (3)① 200　②公海

**5** (1)記号：D　県庁所在地：津市　(2)C
    (3)①A　②D　(4)山陰　(5)フォッサマグナ

**解説**

**1** (1)① 人口が世界1位の国は中国，2位の国はインドで，
    いずれもユーラシア大陸に位置している。
② 三大洋は，面積の大きい順に太平洋，大西洋，インド洋。
    アフリカ大陸は，西に大西洋，東にインド洋と接してい
    るが，太平洋には面していない。
(4) ボリビアは南アメリカ州，スイスはヨーロッパ州，ネパー
    ルはアジア州の内陸国である。
**2** (1)この地図は，中心からの距離と方位が正しい正距方
    位図法の地図である。
(3) 東京から真東に進んでいくと，最初にチリやアルゼンチ
    ンなどの南アメリカ州を通過し，その後，アフリカ州，
    アジア州を通って，東京にもどってくる。

**3** (1) 日付変更線を境に，そのすぐ西側が世界で最も時刻
    が進んでいる場所となるので，時刻が進んでいる都市
    の順はC→B→A→Dとなる。
(2) 東京（日本）の標準時子午線は東経135度，Xの都市
    （ヒューストン）は西経90度なので，時差は，
    135＋90＝225，225÷15＝15から15時間。
    日付変更線のすぐ西側により近い東京のほうが，Xの都
    市よりも時刻が進んでいることから，3月3日午前8時
    より15時間進んだ3月3日午後11時となる。
**4** (3)① 排他的経済水域は沿岸から200海里（約370km）
    以内の水域で，日本は領土面積の約10倍の広さの排他
    的経済水域をもつ。
**5** (4)中国・四国地方は，北から順に山陰，瀬戸内，南四国
    の3つの地域に分けることがある。
(5) 大地溝帯ともよばれるフォッサマグナは，新潟県糸魚川
    市と静岡県静岡市を通っている。

**第3章　世界各地の人々の生活と環境**

# 4 世界の気候

**トライ** →本冊p.13

(1)①ウ　②ア　③イ　④エ
(2)地中海性気候　(3)ロンドン　(4)タイガ

**解説**

(1) ① ロシアの首都モスクワは，夏と冬の気温差が大きく，
    冬の気温が低いことから，冷帯（亜寒帯）の気候だと判
    断する。
② イタリアの首都ローマは，冬に降水量が多く，平均気温
    が比較的高いことから，地中海性気候だと判断する。
③ シンガポールは，降水量が多く，気温が年中高いことか
    ら，熱帯雨林気候だと判断する。
④ 北極海沿岸の都市（バロー）は，短い夏を除いて年じゅう
    寒さがきびしいことから，寒帯だと判断する。
(3) 西岸海洋性気候は，ヨーロッパの大西洋沿岸やニュー
    ジーランドなどに見られる。東京は温暖湿潤気候，サン
    フランシスコは地中海性気候である。

くわしく！　温帯 ………………… チャート式シリーズ参考書 >>p.32

**チャレンジ** →本冊p.13

(1)季節：夏
    理由：（例）気温が高いから。
(2)ちがい：（例）リヨンのほうが気温が高く，降水
    量が少ない。
    理由：（例）リヨンは偏西風と暖流の北大西洋海
    流の影響を受けるから。

3

(1) 南半球は，北半球と季節が逆になるので，同じ気候区分であっても，気温の高い夏は12月〜2月となる。

(2) 西ヨーロッパ全域は，偏西風と北大西洋海流の影響で，高緯度にもかかわらず温暖である。

## 5 それぞれの気候帯のくらし／言語・宗教と人々のくらし

### トライ　→本冊p.15

**1** (1)✕　(2)○　(3)○　(4)✕　(5)✕　(6)✕

**2** (1)① エ　② ウ　③ イ　④ ア

(2)聖書　(3)モスク

### 解説

**1** (1) 南の島の伝統的な家屋は，風通しがよい構造で，現地でとれる植物の葉などを使って建てるため，現在でも建てられ続けている。

(4) 伝統的な衣装は，その土地の気候で過ごしやすいようにつくられているものが多く，普段着として着られていることも多い。

(5) 伝統的な文化を残すために，カリブーの生肉は今でも食べられている。

(6) アンデス山脈の高地の人たちが着ているのはポンチョ。サリーはインドなど南アジアの女性が着る衣服である。

**2** (1)① エのヒンドゥー教はインドの民族宗教である。

② ウの仏教はインドで始まった宗教である。南アジアのネパール，東南アジアのタイやミャンマーは仏教国である。

③ イのイスラム教は三大宗教の中で最も新しい宗教で，中央アジアから西アジア，北アフリカで広く信仰されている。

④ アのキリスト教は現在のイスラエルから始まった宗教である。

くわしく！ 世界の三大宗教 ………… チャート式シリーズ参考書 ≫p.38

### チャレンジ　→本冊p.15

(1) ヨーロッパ州，北アメリカ州
　　南アメリカ州，オセアニア州

(2) 南アメリカ州

(3) (例) 植民地時代に，カトリックの信者が多いスペインやポルトガルに支配されていたから。

(4) (例) 英語を公用語とする国が多いこと。

### 解説

(2)(3) ヨーロッパ南部のスペインやポルトガルでは，カトリックが広く信仰されている。南アメリカ州の大半は，かつて両国の植民地だったことから，その影響でカトリックの信者の割合が多い。

(4) 北アメリカ州には，イギリスのプロテスタントの清教徒（ピューリタン）が最初に移民としてわたり，オセアニア州はその大半がかつてイギリスの植民地であったことから，多くの国で英語が公用語となっている。

第4章　世界の諸地域

## 6 アジア州の自然と社会①

### トライ　→本冊p.17

(1)① モンゴル高原　② チベット高原
　　③ 長江（チャンチアン）　④ メコン川

(2) Z　(3)経済特区（経済特別区）

(4) 華人（かじん）　(5)ASEAN（アセアン，東南アジア諸国連合）

(6)記号：G　国名：フィリピン

(7)① 工場　② 経済格差

### 解説

(1) ① 草原で移動生活を行うモンゴルの遊牧民は，移動式のテントのゲルに住んでいる。

(2) 雨温図から，年中温暖で多雨の熱帯雨林気候の都市と読みとれるので，赤道直下にあるZ（シンガポール）と判断する。

(3) 経済特区は1970年代以降，中国南部の沿岸部のシェンチェンなど5か所に設定され，外国企業が誘致された。その後，経済特区に次ぐ地域として，沿岸部や内陸部に経済開発区が設定された。

くわしく！ 中国の工業 ……………… チャート式シリーズ参考書 ≫p.49

(4) 日本にも，横浜の中華街や神戸の南京町など，華人が形成した町がある。

(6) フィリピンは，植民地支配していたスペインや，その後統治したアメリカ合衆国の影響によって，キリスト教徒が最も多い。

### チャレンジ　→本冊p.17

(1) (例)アジア州の国であること。

(2) (例) 中国は人口が多く，生産した米の多くを国内で消費してしまうから。

### 解説

(1) 中国中南部から東南アジアにかけては，温暖な気候と降水量の多さが稲作に適している。地域によっては，二期作もさかんに行われている。

(2) インドやタイ，ベトナムやパキスタンなど，アメリカ合衆国以外は，輸出上位の国はアジアの国々である。中国はわずかに米を輸出しているが，自国の生産量だけでは国内の消費分が足りないため，米を輸入している。

## 7 アジア州の自然と社会②

**トライ** ➡本冊p.19

**1** (1)① アラビア半島　② ペルシャ湾

(2)③ インダス川　④ ガンジス川

(3)A インド　B スリランカ　C サウジアラビア

(4)イスラム教　(5)メッカ

**2** (1)○　(2)×　(3)○　(4)×

**解説**

**1** (1)① アラビア半島はほとんどが砂漠で，アフリカ大陸に紅海をはさんで隣接している。

② ペルシャ湾の周りの国々の多くは産油国である。

(2)③ インダス川の流域で，インダス文明が生まれた。おもにパキスタンを流れている。

④ ガンジス川の河口付近にバングラデシュが位置し，稲作が行われている。

(3)A 現在，インド国内の仏教徒は少数派である。

B かつてはインドと同様，イギリスに植民地支配されていた。

C アラビア半島のほとんどの面積を占める国である。

(4)(5) 西アジアや中央アジアの国々では，イスラム教が広く信仰されている。Xはメッカで，イスラム教の開祖マホメットの生誕地である。イスラム教徒は，メッカの方向に向かって1日に5回，お祈りをすることが定められている。イスラム教徒にとって，一生に一度は訪れたい聖地である。

**2** (2) インドのアッサム地方では，茶の栽培がさかんである。綿花の栽培がさかんなのは，デカン高原である。

(4) インダス川の上流では，小麦の栽培がさかんである。稲作がさかんなのは，ガンジス川の中・下流のインドやバングラデシュなどである。

**くわしく！** 南アジアの農業 ………… チャート式シリーズ参考書 》p.48

**チャレンジ** ➡本冊p.19

(例)加盟国の多くがイスラム教の国であるが，イスラム教以外の宗教の国も参加していることから，石油輸出国の利益を守ることを目的として組織されていると考えられる。

**解説**

ベネズエラは南アメリカ大陸の国，2000年以降に加盟した4か国はアフリカ大陸の国で，いずれの国もキリスト教徒が多い。

## 8 ヨーロッパ州の自然と社会①

**トライ** ➡本冊p.21

**1** (1)A 偏西風　B 北大西洋海流

C ライン川　D アルプス山脈

(2)エ　(3)フィヨルド　(4)ユーロポート

(5)① ブリュッセル　② EURO(ユーロ)

③ イギリス

(6)フランス

**解説**

(1)A 緯度30〜60度付近で，1年を通して西から吹く風を偏西風とよび，おもに大陸の西岸に吹く。

C ライン川は，複数の国を流れる国際河川である。

(2) 地中海沿岸の地域の，ぶどうやオリーブ，小麦などを栽培する農業を地中海式農業という。

(4) ユーロポートは，オランダのロッテルダムにある。

(5)① ブリュッセルはベルギーの首都でもある。

③ 2020年にイギリスがEUから離脱した出来事をブレグジットという。

(6) 農業がさかんで食料自給率が100%を大きく上回っているフランスは，「EUの穀倉」とよばれる。

**チャレンジ** ➡本冊p.21

(1)イ

(2)(例)チェコやポーランドの労働者が，ドイツやフランスに移動する。

**解説**

(1) ソ連を中心とした東ヨーロッパの旧社会主義国は，冷戦体制の時代に経済が発展しなかったため，現在でも経済の水準が相対的に低いことが多い。

(2) 賃金の高い国（ドイツやフランス）は，自国の労働者よりも賃金の低い国（チェコやポーランドなど東ヨーロッパの国）の労働者を安い人件費で雇うことができるため，自国の労働者が職を失う場合もある。

**くわしく！** EUの課題 …………… チャート式シリーズ参考書 》p.57

## 9 ヨーロッパ州の自然と社会②

**トライ** ➡本冊p.23

**1** (1)A ウラル山脈　B タイガ

(2)位置：C　首都名：モスクワ　(3)ア

**2** (1)×　(2)×　(3)×　(4)○

**1** (1) A ウラル山脈は，ユーラシア大陸をヨーロッパ州とアジア州に分けるときの境界となる山脈である。

(3) ロシアの南西部には土壌が肥えた黒土地帯が広がっており，小麦，ライ麦，大麦，じゃがいもなどの穀物の栽培がさかんである。

くわしく！ 穀物中心の農業 ………… チャート式シリーズ参考書 ≫p.62

**2** (1) 1991年にソビエト社会主義共和国連邦が解体し，ロシア連邦をはじめとする15の国に分裂した。

(2) ロシアをふくむ東ヨーロッパの国々では，正教会の信者が多い。

(3) ロシアで産出される石油や天然ガスは，パイプラインを通じてＥＵ諸国に送られている。

**チャレンジ** →本冊p.23

（例）ロシアの輸出の中心はエネルギー資源で，ドイツの輸出品と競合しないから。

**解説**

日本とアメリカ合衆国の場合，日本が安い自動車をアメリカ合衆国で多く売ることで，アメリカ合衆国の自動車の売り上げが減少し，アメリカ自動車産業が弱体化したことが問題となった。こうした問題を解決するために，日本の自動車会社は，現地工場をつくってアメリカの労働者を雇い，現地に利益が生まれるようにした。

**確認問題②** →本冊p.24

**1** (1) X① Y③ (2) イヌイット
(3) ゲル (4) サリー (5) ウ

**2** (1) イ (2) 一人っ子政策 (3) ホンコン (4) B
(5) D (6) E

**3** (1) よび名：デカン高原 農作物：綿花
(2) A：ヒンドゥー教 B：仏教
C：イスラム教
(3) E

**4** (1) ア (2) 産業革命 (3) ポルダー (4) イ
(5)① ゲルマン ② プロテスタント (6) エ
(7) ソビエト社会主義共和国連邦（ソ連） (8) A

**解説**

**1** (1) Xの都市はカイロで砂漠気候，Yの都市は東京で温暖湿潤気候である。

(2) 伝統的な狩猟生活を送っていたイヌイットの生活状況は急速に変化しており，近年は定住化が進んでいる。

(5) じゃがいもは，アンデス山脈の高地を原産地とする農作物である。

**2** (2) 一人っ子政策は，人口の増加をおさえることに成功したが，それにともない人口の高齢化が進んだことで，2015年に廃止された。

(4) いち早く工業化をとげた韓国は，台湾，ホンコン，シンガポールとともに，アジアNIES（新興工業経済地域）とよばれる。

**3** (1) インド南部に広がるデカン高原は，世界的な綿花の産地として知られている。

(3) ドバイは，ペルシャ湾に面するアラブ首長国連邦（UAE）の都市である。

**4** (1) 北海油田の開発により，イギリスとノルウェーは石油の輸出国になっている。

(3) 干拓地のポルダーでは，チューリップの球根や野菜の栽培などの園芸農業がさかんである。

(4) フランスは世界有数の小麦の産地，輸出国である。とうもろこし，ぶどう，肉類などの生産量も多い。

(6) イタリアでは，工業化が進んだ北部と，農業が中心の南部との間で経済格差が問題となっている。

## 🔟 アフリカ州の自然と社会

**トライ** →本冊p.27

(1) A サハラ砂漠 B ナイル川 C ギニア湾
(2) Y (3) Ⅰ エ Ⅱ カ Ⅲ ア
(4) 国名：南アフリカ共和国
政策名：アパルトヘイト（人種隔離政策） (5) イ

**解説**

(1) A サハラ砂漠は世界最大の砂漠で，アフリカ大陸の3分の1の面積を占めている。

B アフリカ大陸の北東部を流れ地中海に注ぐナイル川は，世界最長の川である。

(3) Ⅰ エジプトの首都カイロは，砂漠気候である。

Ⅱ 赤道直下のガボンの首都リーブルビルは，熱帯雨林気候である。

Ⅲ 南アフリカ共和国の喜望峰に近いケープタウンは，地中海性気候である。

(4) 南アフリカ共和国で長く続いていたアパルトヘイト（人種隔離政策）に対して国際社会からの批判が高まり，1991年に人種差別に関連する法律は撤廃された。

(5) カカオの生産量の世界1位はコートジボワール，2位はガーナである。4位のナイジェリアと，5位のカメルーンもアフリカ州の国であり，いずれもギニア湾に面している。

くわしく！ プランテーション農業 … チャート式シリーズ参考書 ≫p.67

チャレンジ ➡本冊p.27

(1) モノカルチャー経済(モノカルチャー)

(2) (例)農作物は不作になることもあり，価格や売れる量も年によって変化するから。

**解説**

植民地支配されていた国は，プランテーションの農園を引きついでいることが多く，少数の農産物や鉱産資源への依存からぬけ出すことがこうした国々の課題となっている。

くわしく！ モノカルチャーの問題点… チャート式シリーズ参考書 ≫p.68

# ⑪ 北アメリカ州の自然と社会

トライ ➡本冊p.29

(1) A ロッキー山脈　B アパラチア山脈
　　C ミシシッピ川　D メキシコ湾

(2) 綿花　(3) 石油

(4) X プレーリー　Y グレートプレーンズ

(5) ア　(6) シリコンバレー

(7) ネイティブ・アメリカン　(8) ヒスパニック

**解説**

(1) A　ロッキー山脈は，環太平洋造山帯に属するけわしい山脈である。
　　B　アパラチア山脈はなだらかな山脈で，付近には炭田があり，エネルギー革命がおきるまでアメリカの工業の発展に貢献した。

(3) メキシコ湾岸やメキシコ湾の海底には豊富に石油が埋蔵されている。

(6) コンピューターに使われるIC（集積回路）などの材料としてシリコンが使われることから，このよび名がついた。

(8) ヒスパニックの人々は，スペイン語を話し，カトリックを信仰するラテン系であるため，ラティーノともよばれる。

くわしく！ 人口と民族 ……………… チャート式シリーズ参考書 ≫p.75

チャレンジ ➡本冊p.29

(例)労働力が豊富で，賃金が比較的安かったから。

**解説**

サンベルトが発達するまでは，シカゴやピッツバーグ，デトロイトなどの五大湖付近や，ボストン，フィラデルフィアなどの東部がアメリカの工業の中心であった。

くわしく！ 新しい工業地域(サンベルト)… チャート式シリーズ参考書 ≫p.80

# ⑫ 南アメリカ州の自然と社会

トライ ➡本冊p.31

(1) A アマゾン川　B アンデス山脈　C パンパ

(2) A 熱帯雨林気候　B 高山気候

(3) ブラジル：ポルトガル語
　　アルゼンチン：スペイン語

(4) ▲ 鉄鉱石　♯ 石油

(5) プランテーション　(6) エ

**解説**

1 (1) C アルゼンチン中部のラプラタ川流域には，パンパとよばれる肥えた土壌の草原が広がり，小麦やとうもろこしの栽培，牛や羊の飼育などがさかんである。

(2) A アマゾン川の河口付近は赤道直下にあたり，アマゾン川の本流は，赤道付近を流れている。このため，アマゾン川流域はおもに熱帯雨林気候に属している。
　　B　アンデス山脈の標高の高い地域は，低緯度であっても気温はあまり高くならない。

(3) ブラジルや一部の国を除き，南アメリカ州の大半の国ではスペイン語が公用語となっている。

(4) ブラジルは，世界2位（2017年）の鉄鉱石の生産国で，露天掘りのカラジャス鉄山が有名。ブラジルの北に位置するベネズエラは，世界有数の産油国で，OPECにも加盟している。

くわしく！ 豊富な鉱産資源 ………… チャート式シリーズ参考書 ≫p.86

(5) ブラジルでは19世紀以降，サンパウロ周辺のプランテーションでコーヒー豆の栽培がさかんとなった。ブラジルのプランテーションは，ファゼンダともよばれる。

(6) ブラジルはコーヒー以外の農業や畜産業，鉱産資源や工業製品などの生産を伸ばすことで，輸出におけるコーヒーへの依存を解消している。

チャレンジ ➡本冊p.31

(例)さとうきび農地を拡大するため，熱帯林を開発することで自然が破壊されているという問題。

**解説**

バイオエタノールの需要の増加で，原料となるさとうきびが増産されるようになり，農地の拡大による熱帯林の伐採など大規模な開発が行われたことで，環境破壊が問題となっている。

くわしく！ 熱帯林の伐採 ………… チャート式シリーズ参考書 ≫p.86

## ⓭ オセアニア州の自然と社会

**トライ** ➡本冊p.33

(1)① ウ ② エ ③ イ (2)X
(3) A アボリジニ　B マオリ
(4)乾燥帯 (5)羊・牛
(6)① □石炭　▲鉄鉱石　② 露天掘り

**解説**

(1)① ミクロネシアは「小さな島々」という意味で，グアム，サイパンなど，ニューギニア島の北側の赤道以北の地域である。
② メラネシアは「黒い島々」という意味で，パプアニューギニアやフィジーなど日付変更線の西側，赤道以南の地域である。
③ ポリネシアは「多くの島々」という意味で，ハワイ諸島やイースター島など，日付変更線の東側の地域である。
(3) オーストラリアのアボリジニはブーメランを使った狩猟生活，ニューギニアのマオリはハカとよばれる伝統的な踊りが有名である。
(4) オーストラリア大陸は，国土の大半が乾燥帯に属しており「乾燥大陸」ともよばれる。
(5) オーストラリアで生産されている牛肉は，「オージービーフ」のブランド名で輸出されている。
(6)① 石炭は大陸の東岸側に多く，鉄鉱石は大陸北西部に多い。

**チャレンジ** ➡本冊p.33

(1)(例)オーストラリアは，イギリスの植民地だったから。
(2)(例)おもに距離が近いアジアの国々が増えている。

**解説**

(2) 距離が遠い地域との貿易は，輸送費がより多くかかるので，特別な事情がない場合は近くの国との貿易が多くなる。

くわしく！ 貿易相手国の変化 ……… チャート式シリーズ参考書 ≫p.92

### 確認問題③ ➡本冊p.34

**1** (1)サヘル (2)カカオ (3)銅 (4)D
　(5)① エチオピア ② アフリカの年
**2** (1)A プレーリー　B グレートプレーンズ
　(2)エ (3)石炭 (4)サンベルト
　(5)② (6)ウ
**3** (1)よび名：アンデス山脈

---

　　動物：リャマ・アルパカ
　(2)モノカルチャー経済
　(3)ウ (4)エ
　(5)C：イ　D：エ (6)ウ
　(7)メスチソ（メスチーソ）
**4** (1)記号：Y　よび名：メラネシア (2)ア
　(3)白豪主義 (4)ア・ウ
　(5)A：アボリジニ　B：マオリ

**解説**

**1** (1)サヘルとはアラビア語で「縁」を意味し，アフリカ北部に広がるサハラ砂漠の南縁にあたる地域である。
(2) カカオの生産量（2018年）は，コートジボワールが世界1位，ガーナが2位となっている。
**2** (1)(2)土壌の肥えたグレートプレーンズやプレーリーでは，小麦（冬小麦・春小麦），とうもろこし，だいずの栽培がさかんである。
(5) シリコンバレーは，西海岸のサンフランシスコ近郊に位置している。
(6) ヒスパニックは，スペイン語を話し，カトリックを信仰するラテン系であることから，ラティーノともよばれる。
**3** (1)リャマやアルパカは，荷物運びや毛を採取するのに利用され，とくにアルパカからは良質な毛がとれ，高地の人々が着るポンチョにも使用されている。
(3) 石油に替わる燃料として近年，さとうきびやとうもろこしなどを原料とするバイオ燃料の使用が増えており，とくにブラジルでは普及が進んでいる。
(5) ベネズエラでは石油，チリでは銅鉱の生産がさかんである。
(6) 南北に長いチリは中部が温帯で，地中海性気候を利用した農業が行われており，とくにぶどうの栽培がさかんである。
**4** (2)オーストラリアやニュージーランドをはじめ，南太平洋の多くの国々は，かつてイギリスの植民地だった。そのため各国の国旗には，イギリスの国旗（ユニオン・ジャック）が描かれているものが多い。
(3) 白豪主義を撤廃したオーストラリアは，先住民族やアジア系移民などのさまざまな文化を認めるようになり，多文化共生社会をめざしている。

---

第5章　地域調査の手法

## ⓮ 地域調査の手法

**トライ** ➡本冊p.37

**1** (1)A 消防署　B 老人ホーム　C 寺院 (2)ウ
**2** (1)× (2)× (3)○ (4)×

**解説**

**1** (2) ア 市役所のすぐ東側に田が広がっていることから,市街地の外れであることが読み取れる。
イ 地図の南西部分の低地にも, 田が見られる。
エ 山吹運動公園の西側には, おもに針葉樹林が見られる。

**2** (1) 地域調査を行う場合, まず最初に調査テーマや仮説を設定し, その上で調査計画を立てる。

(2) 2万5千分の1地形図上で2 cmの長さは, 実際の距離に直すと 25000×2 cm = 50000 cm = 500 m となる。

(4) 野外調査で利用するのは, ハザードマップではなくルートマップである。ハザードマップは防災マップともよばれ, 地震や洪水などで大きな被害が予想される地域や避難ルートなどを記した, 都道府県や市区町村が作成している地図である。

**チャレンジ** ➡本冊p.37

(1) 2 万 5 千分の 1

(2) (例) 計曲線に 500 m と 550 m のものがあり, 50 m ごとに計曲線が引かれていることがわかるから。

**解説**

(1) 発表用の資料などで, 地形図を拡大や縮小しなければならない場合は, 縮尺どおりでないことや, 最初の大きさや倍率を示すようにする。

(2) 2万5千分の1地形図と5万分の1地形図について, それぞれの主曲線と計曲線が何mごとに描かれているか, そのちがいを整理しておこう。

**くわしく!** 地形図の読み取り ……… チャート式シリーズ参考書 ≫p.101

第6章 日本の地域的特色と地域区分

**⑮ 日本の地形**

**トライ** ➡本冊p.39

**1** (1) ① 石狩平野 ② 越後平野 ③ 利根川
④ 紀伊山地 ⑤ 吉野川 ⑥ 九州山地
(2) 黒潮 (日本海流) (3) 環太平洋造山帯 (4) エ

**2** (1) ○ (2) × (3) ×

**解説**

**1** (1) ① 泥炭地だった石狩平野は, 排水と客土によって土地が改良され, 稲作が可能な平野となった。
② 越後平野は雪が多く, 冬に耕作ができないことから, 米の単作地帯となっている。また, 出荷時期を早める早場米の産地としても知られる。

④ 紀伊山地は, 吉野すぎの産地として知られ, 林業がさかんである。

⑤ 四国には東部に吉野川, 西部に四万十川の2つの大きな川が流れている。

(2) 日本の太平洋岸を流れる寒流は, オホーツク海から流れこむ親潮 (千島海流) である。

**2** (2) 川が海や湖に流れ出る河口付近に形成されるのは三角州である。扇状地は, 川が山から平地に流れ出たところに形成される。

**くわしく!** 日本の平野 ……………… チャート式シリーズ参考書 ≫p.115

(3) 砂丘は, 岩石海岸ではなく砂浜海岸で形成される。

**チャレンジ** ➡本冊p.39

(1) 信濃川

(2) (例) 長さが短く, 急流である。

**解説**

(1) 日本で最も流路が長い川は信濃川で, 最も流域面積が広いのは利根川である。

(2) 日本の川が, 外国の川と比べて長さが短く急流であるのは, 国土の多くが山地で, 山が海岸までせまっているためである。

**⑯ 日本の気候と自然災害**

**トライ** ➡本冊p.41

**1** (1) ① ア ② オ ③ カ ④ ウ ⑤ イ ⑥ エ

**2** (1) × (2) ○ (3) × (4) ×

**解説**

**1** ① 降水量が少なく, 温暖な瀬戸内の気候である。
② 中央高地の気候である。
③ 冬に降水量が多い, 日本海側の気候である。
④ 年間を通して冷涼な, 北海道の気候である。
⑤ 年中温暖な, 南西諸島の気候である。
⑥ 夏に降水量が多い, 太平洋側の気候である。

**2** (1) 北海道は温帯ではなく, 冷帯 (亜寒帯) の気候に属しており, 冬の気温は非常に低くなる。

(3) 東北地方太平洋沖地震は, プレートが沈みこむことによって海底で発生する海洋型地震に分類される。内陸型地震は, プレートの内部の活断層がずれることでおこる地震である。

(4) 夏の気温が上がらなかったことでおこる気象災害は, 冷害である。干害は, 雨がほとんど降らず, 水不足によって農作物が育たなくなる気象災害である。

**くわしく!** 気象災害 ……………… チャート式シリーズ参考書 ≫p.122

チャレンジ ➡本冊p.41

(1)夏

(2)(例)冬の北西の季節風は中国山地に，夏の南東の
季節風は四国山地によってさえぎられるため。

解説

(2) 中国山地の北側は，北東の季節風が吹く冬に降雪量が
多くなる。また，四国山地の南側は，南東の季節風が吹
く夏に降水量が多くなる。

くわしく！ 季節風の影響 ……………… チャート式シリーズ参考書 >>p.119

## 🔟 日本の人口

トライ ➡本冊p.43

1 (1)アフリカ州：ウ アジア州：エ (2)イ
2 (1)Aウ Bイ Cア (2)少子高齢 (3)ウ

解説

1 (1)(2) ウのアフリカ州やエのアジア州，南アメリカ州と
いった発展途上国の多い州ではとくに人口が急増して
おり，2050〜60年ごろに世界の人口は100億人をこえ
ると予測されている。
2 (1)(2) このグラフから，少子化が進行することで，社会に
おける高齢者の割合がさらに増加する状況が読み取れ
る。
(3) 交通渋滞は，人口が多い過密した都市部に見られる。

チャレンジ ➡本冊p.43

(1)イ→ウ→ア
(2)(例)少子高齢化が進み，将来労働力が不足する
おそれがある。

解説

(1) イは富士山型，ウはつりがね型，アはつぼ型である。ウ
とアを比べてみると，日本社会において55年の間に20
歳以下の人口の割合が極端に低下していることが読み
取れる。
(2) 少子高齢化による労働力不足の対策の1つとして，外
国人労働者の受け入れ制度の拡張などが検討されて
いる。

くわしく！ 少子高齢化の問題と対策… チャート式シリーズ参考書 >>p.126

## 🔟 世界と日本の資源・エネルギー

トライ ➡本冊p.45

(1) A 鉄鉱石 B 石油（原油） C 石炭
(2)ア (3)ウ (4)エ

解説

(1) A・C 日本は鉄鉱石の5割以上，石炭の6割近くをオー
ストラリアから輸入している。そのほかにも，液化天然
ガスの4割近くを輸入しており，オーストラリアは石油
以外のおもな鉱産資源の最大の輸入相手国となってい
る。
B 日本の石油の輸入相手国は，1位がサウジアラビア，2
位がアラブ首長国連邦で，そのほかにもカタールやク
ウェートなど，大半の石油をペルシャ湾岸の国々から
の輸入にたよっている。

くわしく！ おもな資源の輸入先…… チャート式シリーズ参考書 >>p.133

(3) アは鉄鉱石，イは石炭，エは銅鉱の産出量上位国であ
る。
(4) 石炭の燃焼時に発生する二酸化炭素は，地球温暖化の
原因となる温室効果ガスとされる。大気汚染の原因と
なっているのは，二酸化炭素と同時に排出される有害
な硫黄酸化物や窒素酸化物である。

チャレンジ ➡本冊p.45

(1)①(例)内陸部に立地している。
②(例)発電のためのダムが内陸部にある。
(2)①(例)臨海部に立地している。
②(例)石油や石炭，天然ガスなどの燃料の輸入
がしやすく，電力需要の多い大都市や工業地域に
近いから。

解説

近年では，地球温暖化に対する懸念などから，地熱や風
力，太陽光といった再生可能エネルギーへの期待が高
まっている。

くわしく！ 再生可能エネルギー…… チャート式シリーズ参考書 >>p.135

## 🔟 日本の農林水産業

トライ ➡本冊p.47

1 (1)A 米 B りんご C 茶 D もも
(2)①F ②G
2 (1)○ (2)× (3)× (4)○ (5)×

## 解説

**1** (1) A 米の生産量(2019年)の全国1位は新潟県(8.3%),2位は北海道(7.6%)である。

B りんごの生産量(2018年)の全国1位は青森県(58.9%),2位は長野県(18.8%)である。

C 茶の生産量(2019年)の全国1位は静岡県(38.6%),第2位は鹿児島県(36.6%)である。

D ももの生産量(2018年)の全国1位は山梨県(34.8%),第2位は福島県(21.4%)である。

**2** (2) 1960年代以降,食生活の変化で米の消費量が減少したことから,減反政策が行われた。

(3) 日本の林業は,安い外国木材の輸入や高齢化による後継者不足などから衰退していたが,近年,林業ベンチャーの参入などで回復傾向にあり,輸出も行われている。

**くわしく!** 林業をめぐる状況の変化… チャート式シリーズ参考書 ≫p.139

(5) 養殖業や栽培漁業は,「とる漁業」ではなく「育てる漁業」とよばれる。

### チャレンジ ➡本冊p.47

(1) (例) 東北地方は米と畜産の農業産出額に占める割合が大きいが,九州地方は野菜と畜産の農業産出額に占める割合が大きい。

(2) (例) 鹿児島県は,九州地方のなかでも,とくに畜産が農業産出額に占める割合が大きく,野菜の割合は小さい。

## 解説

(2) 鹿児島県は畜産業がさかんで,肉用牛の飼育頭数が全国2位(1位は北海道),肉用若鶏の飼育数も全国2位(1位は宮崎県),豚は全国1位(2位は宮崎県)となっている(いずれも2019年)。

## ⑳ 日本の工業,商業・サービス業

### トライ ➡本冊p.49

**1** (1) A イ　B ウ　C エ　D ア　(2)ウ　(3)ア

**2** (1)×　(2)○　(3)×　(4)○

## 解説

**1** (1) Aは金額が最も多く,機械の割合が7割近くあることから中京工業地帯となる。Bは金属の割合が高いことから阪神工業地帯,Cは化学の割合が高いことから瀬戸内工業地域となる。

(2) 愛知県豊田市を中心に,自動車の生産が工業生産の中核を占めている。

(3) ア～エの説明がすべて割合ではなく出荷額となっていることに注意する。

**2** (1) 地下資源を採掘する鉱業は,工業・建設業などとともに第2次産業にふくまれる。

(3) 生産者から商品を仕入れて,商店などに売りわたす業者は卸売業であり,消費者にその商品を販売する商店が小売業である。

**くわしく!** 商業とその種類………… チャート式シリーズ参考書 ≫p.146

### チャレンジ ➡本冊p.49

(1) ア

(2) (例) 内陸の地域のため,原料の鉄鉱石や石炭,製品の鉄鋼の輸送に適さないから。

## 解説

設問文の「群馬県」「東京23区内まで100km」などから,内陸部の工業団地の案内だということを読み取る。

**くわしく!** 内陸部の工業地域……… チャート式シリーズ参考書 ≫p.145

## ㉑ 日本の交通・通信

### トライ ➡本冊p.51

**1** カ

**2** (1)×　(2)×　(3)×　(4)○　(5)○

## 解説

**1** 日本では1960年代以降,自動車が広く普及するようになったことから,4つの輸送手段のうち最も増加しているCが自動車となる。船は大量の貨物を輸送するのに適しているのでB,鉄道は多くの旅客を運ぶのに適しているのでDとなる。

**2** (1) 本州と北海道は,青函トンネルによって結ばれている。関門トンネルは,本州と九州をつなぐトンネルである。

**くわしく!** 全国に広がる交通網…… チャート式シリーズ参考書 ≫p.150

(2) トラック輸送を,鉄道やフェリーでの輸送に切り替えることをモーダルシフトという。

(3) LCCは低価格の航空会社の略称である。情報通信技術の略称はICTである。

### チャレンジ ➡本冊p.51

(1) (例) 原料を輸入し,製品を輸出する加工貿易であった。

(2) (例) 資源だけでなく,工業製品も多く輸入されるようになった。

## 解説

(2) 日本国内では，経済発展とともに，労働者の賃金も上がった。そのため，国内の工業製品の製造コストが上がった。日本の企業は，人件費などをおさえるために，海外に工場をつくって製品を製造し，日本に輸入するようになった。

### 確認問題④ →本冊p.52

**1** (1)ウ (2)①イ ②オ ③ウ ③エ
**2** (1)ウ (2)リアス海岸 (3)イ
 (4)ハザードマップ
**3** (1)イ (2)限界集落
**4** (1)① サウジアラビア ② オーストラリア
 ③ チリ
 (2)ウ
**5** (1)① オ ② ウ ③ エ
 (2)A 沖合漁業 B 遠洋漁業
 (3)ウ (4)イ→ア→エ→ウ
**6** (1)エ (2)デジタルデバイド

## 解説

**1** (1) 5万分の1地形図では，主曲線は20mごとに，計曲線は100mごとに描かれている。
(2) アは消防署，エは工場を表す地図記号である。
(3) 帯グラフや円グラフは割合を表したりそれらを比較する場合に，棒グラフは数量を表したりそれらを比較する場合に，それぞれ適している。
**2** (1) ア 日本列島が属しているのは環太平洋造山帯である。
イ 日本の国土は約4分の3を山地や丘陵が占め，4分の1が平野となっている。
エ 東日本では南北方向に，西日本では東西方向に，山地が連なっている。
(3) 冬の降水量が多いので，積雪の多い日本海側の気候と判断できる。
(4) ハザードマップは，住民を災害から守るため都道府県や市区町村などが作成している。
**3** (1) 日本の人口ピラミッドも，かつてはイの富士山型だったが，少子高齢化が進んだ現在は，アのつぼ型となっている。
**4** (1)② オーストラリアは，鉄鉱石だけでなく，石炭や液化天然ガスについても，日本の最大の輸入相手国となっている。
(2) 世界最大の流域面積をもつアマゾン川の豊富な水量を利用して，ブラジルでは水力発電がさかんである。日本

と中国は火力発電，フランスは原子力発電が中心となっている。
**5** (2) 1970年代，各国が排他的経済水域を設定したことから，遠洋漁業の漁獲量が減少した。その後，乱獲による不漁や各国が漁業制限を設けたことで，日本の漁業の中心である沖合漁業も，漁獲量を大きく減らした。
**6** (1) インバウンド消費とは，訪日外国人（観光客）によって生み出される国内消費のことである。近年，アジアを中心に訪日外国人が急増していることから，インバウンド消費が増えているが，2020年はコロナウイルスの影響で激減した。

---

**第7章** 日本の諸地域

## ㉒ 九州地方

### トライ →本冊p.55

(1)① 筑後川 ② 有明海 ③ 阿蘇山 ④ 九州山地
 ⑤ 宮崎平野 ⑥ 屋久島
(2)稲作 (3)ウ (4)カルデラ (5)世界（自然）遺産
(6)（官営）八幡製鉄所 (7)水俣病 (8)イ

## 解説

(1)① 筑後川は稲作がさかんな筑紫平野を流れている。
② 大規模な干拓が行われた有明海には，日本最大級の干潟が広がっている。
⑤ 宮崎平野では，ピーマンやきゅうりなどの夏野菜の出荷を早める促成栽培が行われている。
⑥ 屋久島には亜熱帯性の植物が生育し，樹齢千年をこえる縄文杉が残る。
(4) 阿蘇山のカルデラは，世界最大級の大きさである。
(5) 日本では屋久島のほかに，知床，白神山地，小笠原諸島が世界自然遺産に登録されている。
(7) 企業が廃液として流したメチル水銀が，水俣病の原因となった。
(8) Yは対馬海流，Zは黒潮（日本海流）で，いずれも暖流である。

### チャレンジ →本冊p.55

(1)シリコンアイランド
(2)（例）エネルギー資源の中心が石炭から石油へと変化するエネルギー革命がおこり，多くの炭田が閉山したから。
(3)（例）ICは軽量な割に高価であるため，輸送費の採算がとりやすく，IC工場は空港や高速道路の近くに立地している。

(1) 先端技術産業が発達した地域である，アメリカ合衆国のシリコンバレーにちなんで名づけられた。

(2) 鉄鋼業が衰えた北九州工業地帯（地域）は現在，自動車の生産など，機械工業が中心となっている。

くわしく！ 北九州工業地域（地帯）… チャート式シリーズ参考書 >>p.163

## ㉓ 中国・四国地方

トライ ➡本冊p.57

(1) Ⅰ 中国山地　Ⅱ 四国山地　Ⅲ 黒潮（日本海流）

(2) A　(3) A：ウ　C：エ　(4)ウ　(5)本州四国連絡橋

(6)記号：Y　名称：瀬戸大橋

### 解説

(1) Ⅰ・Ⅱ 中国山地はゆるやかな山地，四国山地はけわしい山地となっている。

Ⅲ 高知県を中心とする南四国地方は，沖合を流れる暖流の黒潮（日本海流）の影響を受けて年間を通して暖かい。

(2) 冬の降水量が多いことから，日本海側の気候だと判断する。

(3) A 鳥取市の丘陵地では，日本なしが栽培され，「二十世紀なし」のブランドで海外にも輸出されている。

C 高知市の位置する高知平野では，温暖な気候を生かしてなすやピーマンの促成栽培がさかんである。

(4) 讃岐うどんは香川県の名物である。

(5) (6) Xは神戸・鳴門ルート（明石海峡大橋，大鳴門橋），Yは児島・坂出ルート（瀬戸大橋），Zは尾道・今治ルート（瀬戸内しまなみ海道）で，鉄道が通っているのは，1988年に開通した瀬戸大橋だけである。

くわしく！ 四国と本州を結ぶ交通… チャート式シリーズ参考書 >>p.169

チャレンジ ➡本冊p.57

(1)（例）塩田の跡地や海岸を埋め立てることで工業用地を確保しやすかったから。

(2)（例）海沿いに工場があり，原料である石油を運びやすいから。

### 解説

(1) 1960年代，阪神・京浜など他の工業地帯から多くの工場が移転し，重化学工業を中心に発展した。

くわしく！ 瀬戸内工業地域………… チャート式シリーズ参考書 >>p.171

## ㉔ 近畿地方

トライ ➡本冊p.59

(1)① 琵琶湖　② 淀川　③ 大阪平野　④ 紀伊山地

(2)ラムサール条約　(3)ア　(4)A　(5)明石市

(6) Ⅰ　記号：G　都市名：神戸市

Ⅱ　記号：E　都市名：奈良市

Ⅲ　記号：F　都市名：大阪市

### 解説

(1) ② 淀川は，琵琶湖から大阪湾に流れこんでいる。

④ 紀伊山地の南側の三重県尾鷲市は，降水量が多い地域である。

(2) ラムサール条約の正式名称は「特に水鳥の生息地として国際的に重要な湿地に関する条約」といい，日本では琵琶湖のほか，北海道の釧路湿原や千葉県の谷津干潟など50か所（2019年）が登録されている。

(4)(5) 日本の標準時子午線が通るのは兵庫県明石市である。地図中で兵庫県を通っている経線を選ぶ。

(6) Ⅰ 平安時代には，平清盛が開いた，大輪田泊という貿易港であった。江戸時代末期に開港され，明治時代の西洋風の建築が多く残されている。

Ⅱ 平城京は奈良市，平安京は京都市におかれていた。東大寺は奈良時代に建立された。

くわしく！ 歴史と都市……………… チャート式シリーズ参考書 >>p.175

チャレンジ ➡本冊p.59

(1)（例）卸売業がさかんで，各地に問屋街がつくられている。

(2)（例）高い技術力をもつ中小企業が多く見られる。

### 解説

(1) 卸売業を中心に商業がさかんな大阪市は，昭和時代の高度経済成長期まで，東京とならぶ経済の中心地だった。

(2) 東大阪市には，高い技術力をもつ中小企業が多く，精度の高い部品は海外からの注文も多い。

くわしく！ 特徴のある工業………… チャート式シリーズ参考書 >>p.180

## ㉕ 中部地方

トライ ➡本冊p.61

(1)① 信濃川　② 濃尾平野　③ 若狭湾

(2) A　(3)ウ

(4)施設園芸農業　(5)イ

## 解説

(1) ① 日本最長の川である信濃川の下流域には，越後平野が広がっている。

② 濃尾平野は，木曽川・揖斐川・長良川の下流に広がっている。

③ 若狭湾にはリアス海岸が見られ，多くの原子力発電所が立地している。

(2) Aは富山市。日本海側の地域は，北西の季節風が吹く冬に降雪が多い。

くわしく！ 北陸地方の気候………… チャート式シリーズ参考書 >>p.184

(4) 渥美半島の施設園芸農業では，とくに電照菊の栽培がさかんである。

(5) おうとう（さくらんぼ）の生産量の全国1位は山形県，りんごの生産量の全国1位は青森県である（いずれも2018年）。

### チャレンジ ➡本冊p.61

(1) ア，ウ，カ

(2) （他の工業地帯に比べ，）（例）とくに自動車や自動車部品の工場が多いから。

## 解説

(1) 静岡市と浜松市は東海工業地域の工業都市，鯖江市は眼鏡フレームの生産で知られる福井県の都市である。

(2) 自動車会社の本社がある豊田市には大規模な自動車組み立て工場があり，周辺部には関連工場も多い。

くわしく！ 自動車工業……………… チャート式シリーズ参考書 >>p.185

## 26 関東地方

### トライ ➡本冊p.63

(1) ① 北関東工業地域　② 京葉工業地域
　③ 京浜工業地帯

(2) ① エ　② ア　③ ウ

(3) ア○　イ○　ウ×　エ×　オ×

## 解説

(2) ① 北関東工業地域は，おもに高速道路のインターチェンジ周辺に形成されている内陸型の工業地域である。

② 重化学工業が発達している京葉工業地域では，大規模な石油コンビナートが建設されている。

③ 京浜工業地帯は，かつては日本最大の工業地帯だったが，近年は地位の低下が続いている。印刷・出版業のほかにも，情報通信産業がさかんである。

くわしく！ 京浜工業地帯………… チャート式シリーズ参考書 >>p.201

(3) ウ 銚子港があるのは千葉県である。

エ 新都心のみなとみらい21があるのは，神奈川県の横浜市である。

オ 桐生織は群馬県，結城紬は茨城県の伝統工業である。

### チャレンジ ➡本冊p.63

(1) 茨城県：エ　埼玉県：ウ　千葉県：イ
　神奈川県：ア

(2) （例）東京都以外の県から東京都に通勤・通学する人が多いため，東京都以外では夜間人口が昼間人口より多い。

## 解説

(1) 通常の人口統計に近いのは，夜間人口である。神奈川県が東京都に次いで人口が多いことから，アを神奈川県と判断する。他の県も，埼玉，千葉，茨城の順に人口が多いことから考える。

## 27 東北地方

### トライ ➡本冊p.65

(1) ① 白神山地　② 奥羽山脈　③ 北上高地
　④ 北上川　⑤ 最上川

(2) ①　(3) 青森ねぶた祭　(4) ウ

(5) 風：やませ　被害：冷害

(6) ア×　イ○　ウ×

## 解説

(1) ③ 北上高地では肉牛や乳牛の飼育がさかんで，酪農が行われている。

(4) ⑤ 北上川の流域には仙台平野，最上川の流域には庄内平野が，それぞれ広がっている。

(3) 東北三大祭りとは，青森ねぶた祭，秋田竿燈まつり，仙台七夕まつりの3つを指す。

(5) 初夏に東北地方の太平洋沿岸に吹きつける風をやませといい，農作物の生育が悪くなる冷害を引きおこす。

くわしく！ 東西の気候……………… チャート式シリーズ参考書 >>p.208

(6) ア おうとう（さくらんぼ）の生産量が全国1位の県は山形県である。福島県で栽培がさかんな果物はももで，生産量は全国2位である（いずれも2018年）。

ウ 東北地方のIC工場は，高速道路のインターチェンジ付近に数多く立地している。

**チャレンジ** →本冊p.65

(1) 暖流の日本海流と,寒流の千島海流がぶつかる潮目にあたる場所だから。

(2) 複雑に入り組むリアス海岸のため,湾の奥まった場所で波が高くなり,津波の被害が大きかった。

**解説**

(2) 東北地方太平洋沖地震の際,リアス海岸の地形が見られる三陸海岸では,巨大な津波が発生して壊滅的な被害を受けた。

くわしく! 東日本大震災…………… チャート式シリーズ参考書 >>p.212

## 28 北海道地方

**トライ** →本冊p.67

(1)①エ ②ウ ③イ (2)国後島 (3)ロシア(連邦)

(4)ア (5)世界(自然)遺産 (6)ア× イ× ウ○

**解説**

(1)① 石狩平野の説明。稲作がさかんなのは,石狩平野と上川盆地だが,泥炭地の改良を行った地域は石狩平野である。

(2) 択捉島は北方領土の島の中で最も大きく,日本の北端の島である。北方領土のうち,択捉島に次いで大きいのが国後島である。

(4) ⑤はサロマ湖で,ほたての養殖が行われている。北洋漁業による漁獲が減少した北海道では,養殖による水産物の生産が増加した。

(6) ア 各国の領海ではなく,排他的経済水域が200海里に設定されたことで,北洋漁業は衰えた。

イ 輪作は,連作障害を防ぐために行われている。

**チャレンジ** →本冊p.67

(1)茨城県

(2)(例)一人当たりの耕地面積が広く,農家の経営規模が大きい。

**解説**

(1) 農業就業者一人当たりの耕地面積(ha)を計算すると,北海道が11.80,茨城県が1.84,新潟県が2.15,青森県が2.32となる。

(2) 表中で一人当たりの耕地面積が2番目に多い青森県と比べても,一人当たりの面積は5倍以上である。

くわしく! 大規模な農業…………… チャート式シリーズ参考書 >>p.219

**確認問題⑤** →本冊p.68

**1** (1)シラス台地 (2)ウ

(3)工業地域:瀬戸内工業地域,種別:ア

(4)①エ ②イ ③オ

**2** (1)関西国際空港 (2)ア

(3)海岸:リアス海岸,水産物:エ

(4)ラムサール条約 (5)①ウ ②イ ③ア

**3** (1)銚子港 (2)ア (3)Cエ Dイ Eア

(4)①エ ②ア ③オ ④ウ

**4** (1)仙台七夕まつり (2)エ (3)ウ

(4)①ア ②ウ ③オ

**解説**

**1** (1) シラス台地は,水はけがよく稲作に向いていないため,さつまいもや茶などの工芸作物の栽培や,畜産がさかんである。

(2) 宮崎平野や高知平野では,ビニールハウスや温室などを利用して作物の生育を早め,他の産地と時期をずらして出荷する促成栽培がさかんである。

**2** (2) 阪神工業地帯では近年,機械工業が成長しており,とくに沿岸部では,太陽光パネルや蓄電池など,先端技術を利用した機械製品の生産が増えている。

(3) リアス海岸が連なる志摩半島の英虞湾は,真珠の養殖の発祥地として知られている。

(5)② 京都市では市街地景観整備条例が制定されており,古都の町並みの景観を損なわないように,建物の高さやデザインなどに規制を設けている。

**3** (2) 長野県の八ヶ岳山麓の野辺山原では,夏でもすずしい気候を生かして,キャベツやレタスなどを他の産地より遅い時期に出荷する抑制栽培がさかんである。

(3) Cは中京工業地帯,Dは京浜工業地帯,Eは北陸工業地域を示している。なお,ウは静岡県の東海工業地域について説明したものである。

(4)① みなとみらい21は,神奈川県の横浜港に面した臨海地域に形成されている。

④ 甲府盆地には果樹園が広がり,ぶどうのほかにも,ももの栽培がさかんである。

**4** (2) 高潮は台風が接近したときに海面が上昇する現象,洪水は大雨などで川の水量が増え河川敷や中洲などが水につかることで,いずれも地震が原因となって生じる自然災害ではない。

(3) アとイは石狩平野,エは根釧台地について説明したものである。

(4)① 北海道は自然を生かした観光施設が数多く,体験型のエコツーリズムなどもさかんである。

**❶** (1)イ (2)ア (3)イ (4)A
　(5)**BRICS**(ブリックス)

**❷** ①A ②B ③E (2)鉄鉱石
　(3)バイオ燃料(バイオエタノール)

**❸** (1)甲府市 (2)エ (3)竹島 (4)Y

**❹** (1)B:ア D:ウ (2)A

**❺** (1)ア (2)エ (3)イ

**解説**

**❶** (1)だいずの生産量(2018年)は,アメリカ合衆国が世界1位(35.5%),ブラジルが2位(33.8%),アルゼンチンが3位(10.8%)となっている。

(2) 地中海性気候は,地中海沿岸のほか,南アフリカ共和国の南部や,アメリカのカリフォルニア州などに見られる。b(シンガポール)は熱帯雨林気候,d(ニューヨーク)は温暖湿潤気候に属する。

(3) A(フランス)とD(メキシコ)ではカトリック,B(インド)ではヒンドゥー教,C(ロシア連邦)では正教会が,おもに信仰されている。

(4) フランスは国の方針により,発電エネルギーの大半を原子力発電が占めている,先進諸国の中でも数少ない存在である。他の3か国は,いずれも火力発電が中心となっている。

**❷** (1)表中のA〜Eの5か国のうち,まず判別しやすい国から考えるとよい。CとEは,鉱産資源や農作物が輸入品目の中心なので,オーストラリアかブラジルとなる。液化天然ガスと石炭は,オーストラリアが日本の最大の輸入相手国となっているのでCがオーストラリアと判断でき,Eはブラジルとなる。次に,輸入品目の1位がすべて機械類のAとBとDについてだが,Aは2位が衣類となっている。衣類は通常,賃金の安い途上国などで生産されて海外に輸出されるので,Aが中国と判断できる。残るBとDは,工業先進国のドイツと

アメリカとなるが,2位の品目が,Bは航空機類,Dは自動車となっている。両国とも自動車の生産がさかんだが,アメリカは航空産業や宇宙産業などの先端技術産業が発達しており,航空機の輸出もさかんである。以上から,Bがアメリカ,Dがドイツと判断できる。①は中国,②はアメリカ,③はブラジルについて説明した文であるので,①がA,②がB,③がEとなる。

(2) 鉄鉱石の生産量(2017年)は,オーストラリアが世界1位(36.5%),ブラジルが2位(17.9%),中国が3位(14.9%)となっている。

**❸** (1) ━━で示された5つの県(福島県,山梨県,福井県,広島県,徳島県)のうち,県名と県庁所在地名が異なっているのは山梨県(甲府市)である。

(2) 茶の生産量(2019年)は,静岡県が全国1位(38.6%)で,2位が鹿児島県(36.6%)である。こんにゃくいもは群馬県,らっかせいは千葉県,梅は和歌山県で生産がさかんである。

(4) 日本の工業地帯・地域のうち,とくに化学工業がさかんな場所は,千葉県を中心とする京葉工業地域と,中国・四国地方の瀬戸内工業地域の2か所である。

**❹** (1) Aは人口と製造品出荷額,Bは米の産出額,Cは果実の産出額,Dは野菜の産出額にそれぞれ着目する。その上で,アは秋田県(=米の生産がさかん),イは兵庫県(=人口が多く,阪神工業地帯で工業もさかん),ウは茨城県(=近郊農業で野菜の生産がさかん),エは愛媛県(=みかんの生産がさかん)と判断できるので,Aがイ,Bがア,Cがエ,Dがウとなる。

(2) 人口密度(人口÷面積)を計算すると,1km²当たりAは652.3人,Bは84.2人,Cは237.8人,Dは472.4人となる。

**❺** (1) アは熊本県,イは北海道,ウは長野県と群馬県の県境,エは山形県と宮城県の県境に位置する火山である。

(2) アは岩手県,イは京都府,ウは兵庫県,エは広島県にある世界文化遺産である。

(3) アは新潟県,イは岩手県,ウは群馬県,エは石川県の伝統的工芸品である。